지금
브라질 국채
3억 원이면
10년 후
서울 아파트를 사고, **10억 원**이면
강남 아파트를 산다

지금 브라질 국채 3억 원이면 10년 후 서울 아파트를 사고,
10억 원이면 강남 아파트를 산다

발행일	2025년 11월 15일
지은이	황재수
펴낸이	손형국
펴낸곳	(주)북랩

출판등록	2004. 12. 1(제2012-000051호)		
주소	서울특별시 금천구 가산디지털 1로 168, 우림라이온스밸리 B동 B111호, B113~115호		
홈페이지	www.book.co.kr		
전화번호	(02)2026-5777	팩스	(02)3159-9637
ISBN	979-11-7224-951-9 03320 (종이책)		979-11-7224-952-6 05320 (전자책)

잘못된 책은 구입한 곳에서 교환해드립니다.
이 책은 저작권법에 따라 보호받는 저작물이므로 무단 전재와 복제를 금합니다.
본 도서는 (주)북랩이 보유한 리코 인쇄 장비 등 자체 생산 인프라를 통해 제작되었습니다.

작가 연락처 문의 ▶ ask.book.co.kr
전용 게시판에 문의를 남기시면 저자에게 직접 전달됩니다.

(주)북랩 성공출판의 파트너
북랩 홈페이지와 SNS에서 다양한 출판 솔루션을 만나 보세요!
홈페이지 book.co.kr • 블로그 blog.naver.com/essaybook • 출판문의 text@book.co.kr
카톡채널 북랩

본 도서는 저자의 개인적 견해와 분석을 바탕으로 작성되었습니다.
투자에 관한 판단과 책임은 전적으로 독자 본인에게 있으며, 출판사는 그 결과에 대해 어떠한 법적 책임도 지지 않습니다.

2005년 이후 20년 만에 돌아온 브라질 국채 투자 최적의 기회!

지금 브라질 국채 3억 원이면 10년 후 서울 아파트를 사고, 10억 원이면 강남 아파트를 산다

| 황재수 지음 |

북랩

머리말

2010년과 2016년에는 그야말로 브라질 국채의 인기가 용광로처럼 뜨거웠었다. 하지만, 2010년대부터 현재까지 헤알화/원(BRL/KRW)의 환율 1/3토막 수준으로 떨어지면서 수많은 브라질 국채 투자자들이 쓰라린 눈물을 쏟도록 만들었다. 그로부터 참 많은 시간이 흘러 지나갔다.

그럼에도 불구하고 브라질 국채만이 주어지는 혜택에 눈이 갈 수밖에 없는 것이 사실이다. 하지만 인터넷, 유튜브, 블로그, 각종 SNS 어딜 찾아봐도 변동성이 심한 통화인 헤알화의 위험성만 지나치게 강조하고 있는 것도 현실이다.

국내에는 셀 수 없을 만큼 많은 투자 관련 서적이 봇물 터지듯 매일매일 출간되고 있고, 2017년에는 국내 투자자의 외화채권 중 브라질 국채의 비중이 무려 70%를 넘었음에도 불구하고, 브라질 국채에 관하여 집중적으로 조명하고 있는 투자 관련 서적은 과거에도, 지금도, 국내에도, 해외에도 단 한 권도 없었다. 물론 과거의 위험성을 내포하고 있기도 하고, 채권의 영역에서 국채 중의 극히 작은 일부이기 때문일 수도 있을 것이다.

하지만, 현 시점에서 브라질 국채는 과거에는 드물었던 약 20년 만에 오는 행운의 기회를 맞이하고 있다. 브라질 국채에 관한 정확한 정보가 없어 심각한 고민을 하는 투자자 분들에게 브라질 국채의 실전 투자 정보를 자세하게 제공하기 위하여 이 책을 집필하였다.

만약 한국에서 배를 항해하여 브라질에 가려면 동해를 시작으로 하여 태평양을 건너고 대서양을 지나면서 수많은 문제와 고난을 겪을 수도 있을 것이다. 이 책을 통하여 목적지 브라질로 향하는 실전 항해 방법과 문제해결 방법 등을 얻을 수 있을 것이다.

성공적인 브라질 국채 투자를 통하여, 마치 소형 서울 아파트나 강남 아파트를 살 수 있는 성과를 얻어 가기 바란다. 자, 그럼 어떻게 현실적으로 실현 가능성이 있는지를 책의 순서대로 끝까지 확인해 보도록 하자.

2025년 헤알화/원의 환율 준(準) 바닥권에서
황재수 대표 씀

차 례

머리말　　　　　　　　　　　　　　　　　　　　　　　　　　4

1부
지금 바로 시작하는 브라질 국채
돈 냄새가 나는 브라질의 변신!

룰라 대통령을 알아야 브라질 국채를 알 수 있다	13
GDP 대비 높은 공공부채와 룰라 정권 이후?	22
브라질과의 세 번째 인연	25
브라질 국채 발행의 비밀	29
15년 전에는 위험했었지만, 지금은?	34
투자적격 등급 턱밑까지 쫓아온 브라질	37
점점 낮아지고 있는 브라질의 국가 신용위험 추이	42
닮은 구석이 있는 한국과 브라질	44
일반 회사채보다 수백 배 안전한 국채	47
예금자 보호 제도보다 안전한 국채	51
정기예금보다 월등하게 유리한 이자와 세금	57
10억 초과 법인 예금계좌 10만 개 시대	65

브라질 국채의 비밀 코드
전 세계에서 가장 매력적인 국채!

트리플 비과세의 파도를 타라	71
사실상 전 세계에서 가장 높은 실질금리	77
현재 통화거래세 0%, 이보다 더 완벽한 시점은 없다!	81
사실상 전쟁 가능성이 거의 없는 나라	85
전 세계 국채 중에서 가장 매력적인 투자처	88
사실상 환헤지가 필요 없다	90
브라질 정부의 히든카드는 ESG 경영	95
고액 자산가들이 반드시 알아야 할 김치 비과세의 비밀	100
중도와 만기, 두 개의 선택지 모두가 이익이로다	107
반기 이자가 5%가 아니라 4.88%인 이유	112
금융소득 2천만 원은 뭐로 채워야 기가 막힐까?	114
브라질의 BOVESPA 지수는 정점을 향하여!	119
브라질 국채 비중 1.7%, 진짜 돈 냄새가 난다!	121
드디어 감소 추세에서 벗어난 브라질 채권 잔고	126
만기 보유를 해도 되는 구간이 왔다	128
브라질 채권 ETF보다는 브라질 국채 직접 투자로	131
홍콩 봉이 김선달도 울고 갈 연 12%	135

3부
미래를 여는 열쇠는 바로 헤알화!
헤알화의 미래에 베팅하라!

헤알화(Real Currency)의 미래	**141**
Mid Forex 헤알화/원의 장기 환율 전망	**150**
금리와 헤알화의 숨겨진 관계	**153**
12월 20일, 7월 20일 이전에 일단 매수하라	**155**
쿠폰 이자는 일단 환전하지 마라	**159**
지금 10억으로 10년 뒤 강남 아파트를 살 수 있을까?	**161**
브라질 장·단기 국채 수익률 전광판	**166**
브라질 국채로 자본이 몰리고 역사는 반복된다	**169**
지금은 2025년, 10년 전 기사에 연연하지 마라	**172**
결론은 헤알화	**176**
과거에는 비쌌고 지금은 싼 이유	**179**
브라질 국채의 복잡한 삼각관계	**183**

지금 바로 시작하는 브라질 국채

헤알화의 준(準) 바닥권을 놓치면 바보!

브라질 국채 읽는 법	**189**
중도 매도 제한적 허용의 의미	**191**
고액 투자가 오히려 유동성 위험이 낮은 이유	**197**
브라질에서 발행하는 주요 채권의 종류	**200**
증권사마다 시각적인 수익률이 차이 나는 이유	**202**
은행에서는 채권을 사지 마라	**204**
브라질 국채를 전문적으로 다루는 증권사	**210**
두 종류의 브라질 국채	**213**
타이탄의 도구 중 하나 만들어 놓기	**216**
해외증권 거래 신청하여 외환 거래 준비하기	**219**
경제 부국, 자원 강국 브라질을 채무자로 만들기	**221**
브라질 국채의 위험성이 해소되면 안전성으로!	**226**
1분 만에 브라질 국채 가상 투자해 보기	**229**
브라질 국채 실전 중개 매수 프로세스	**236**
재투자 기준은 마(魔)의 330원!	**239**
시간이 만든 이자, 환율이 만든 기회	**244**
쿠폰(Coupon) 건물주 되기	**246**

1부

위험에서 기회로

돈 냄새가 나는 브라질의 변신!

룰라 대통령을 알아야
브라질 국채를 알 수 있다

    2003년 브라질에서 실시된 제35대 대통령 선거에서 노조 지도자 출신의 노동운동가 룰라 다 시우바가 세 번의 낙선 끝에 당선이 됐다.

    룰라 대통령은 그 당시 연임에 성공하여 2003년부터 2010년까지 재임하였다. 8년 동안 엄청난 업적을 달성하였고, 헤알화의 가치는 무려 약 2배나 상승하였다.

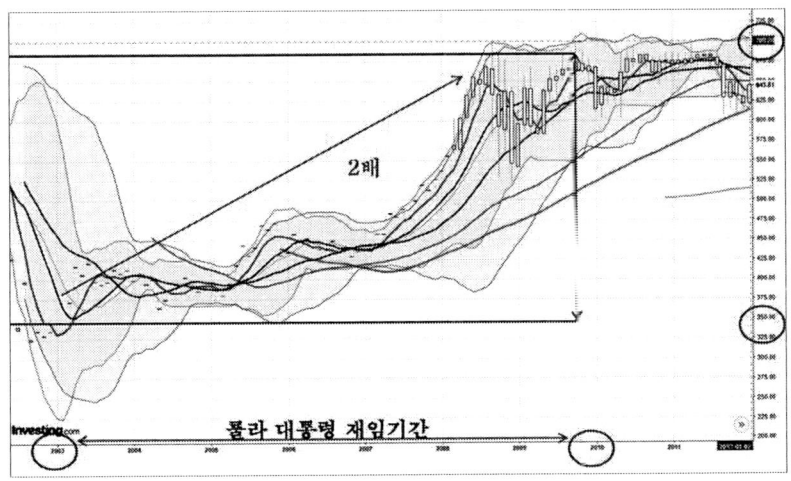

룰라 대통령 재임 기간 헤알화 가치 2배 상승 〈인베스팅닷컴〉

1부 위험에서 기회로

물론 2022년에 다시 대선에 출마하여 브라질 역사상 첫 3선 대통령이 되었다. 브라질 채권을 이야기하다가 갑자기 웬 대통령의 일대기가 나오느냐고 할 수 있겠지만 천만의 말씀이다. 브라질의 룰라 대통령은 2003년부터 8년 동안 빚더미에 빠져 허우적대던 브라질의 국가 부채 문제를 제대로 해결하였다. 이 부분은 성남시장으로 재임하던 이재명 대통령과도 그 승부사적 기질이 매우 비슷한 느낌이 든다.

2010년 퇴임 당시에도 신흥국 브라질을 세계 7위의 경제 대국으로 퀀텀 점프시킨 그 유명한 대통령이 바로 룰라 대통령이다. 이러한 부분은 박정희 대통령의 새마을 운동과도 흡사하다고 볼 수 있다.
업적이 눈부신 만큼 퇴임 당시의 국정 지지율은 83.4%에 달하여 그야말로 대내외적으로 현재까지도 최고의 평가를 받고 있고, 역사적으로도 기억될 만한 가치가 충분하다.

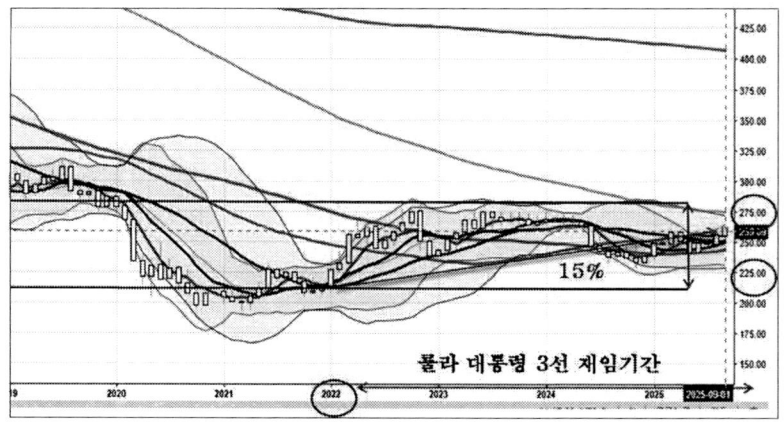

룰라 대통령 3선 재임 기간의 헤알화 가치 추이 〈인베스팅닷컴〉

그 무렵 해외투자의 귀재 박현주 회장은 자원 부국(富國)인 브라질의 성장 잠재력은 여전히 매우 높다고 평가하였다. 그 당시 미래에셋에서는 맵스브라질부동산펀드의 수익률은 단기 고공 행진을 하였고, 브라질이 포함된 브릭스(BRICs, Brazil, Russia, India, China, south Africa) 펀드도 선풍적인 인기를 끌었다. 이즈음에 브라질 국채의 중개 업무가 본격적으로 개시되었고, 표면금리 연(年) 10% 월 지급식 이표채의 브라질 국채 상품이 대형 증권사에서 연이어 출시되었다.

브라질은 500년 동안 빚을 지고 살아왔는데, 엄청난 노력 끝에 드디어 500년 역사상 처음으로 빚의 굴레를 벗을 수 있었다. 2008년 1월 브라질의 외환 보유액 1,885억 달러는 자금 조달을 위하여 외국에 발행하거나 모집한 채권인 외채(外債) 1,840억 달러를 처음으로 완벽히 추월하여 사상 처음으로 채무국에서 순채권국이 되었다.

순위	국가	외환보유액	순위	국가	외환보유액
1	중국	31,839 (+507)	6	대만	5,603 (+19)
2	일본	12,571 (+310)	7	사우디 아라비아	4,382 (-140)
3	스위스	8,940 (-42)	8	홍콩	4,308 (+16)
4	러시아	5,939 (+196)	9	한국	4,261 (+8)
5	인도	5,784 (+157)	10	브라질	3,412 (+131)

주: 1) ( )내는 전월말 대비 증감액
자료: IMF, 각국 중앙은행 홈페이지
출처: 한국은행

2023년 브라질 외환 보유액 세계 10위 〈한국은행〉

순위	국가	외환보유액	순위	국가	외환보유액
1	중국	33,174 (+322)	6	대만	5,984 (+55)
2	일본	13,138 (+156)	7	사우디아라비아	4,576 (-13)
3	스위스	10,191 (+405)	8	독일	4,563 (-1)
4	인도	6,981 (+68)	9	홍콩	4,319 (+8)
5	러시아	6,887 (+84)	10	한국	4,102 (+56)

주: 1) ( )내는 전월말 대비 증감액
자료: IMF, 각국 중앙은행 홈페이지

2025년 주요국의 외환 보유액 순위 〈한국은행〉

　남의 나라지만 눈물 겹지 않을 수가 없다. 그래서 브라질을 살린 리더십 하면 보통 룰라 대통령을 떠올리지 않을 수가 없고, 룰라 대통령은 3선에 기적적으로 성공하여 브라질의 현직 대통령으로 재임 중이다. 이 부분도 아주 중요한 의미를 부여할 수 있다.
　'순 채권국'이란 말 그대로 해외의 채무보다 채권이 많은 국가를 의미하는데, 브라질은 2025년 현재까지 순채권국으로 분류되고 있다. 우리나라 역시 2002년 김대중 대통령 시절에 처음으로 순채권국이 되었던 감명 깊은 역사가 있었다.

　2025년 현재 브라질의 외환 보유액은 2008년의 2배 정도에 해당하는 약 3,500억 달러 정도이며, 2024년 1월 약 3,000억 달러에서 현재까지 계속 증가하였고, 전 세계 외환 보유액 순위는 11위에 해당한다. 한국이 4,200억 달러로 8위이다. 한국은행에서 제공하는 주요국의 외환 보유액 자료는 10위까지만 나오기 때문에 11위인 브라질이 감쪽같이 숨어서 보이지 않는다. 항상 기회는 아슬아슬하게 숨어 있다.
　브라질 국채의 투자 안정성을 판단할 때, 최우선으로 판단해야 할 사항이 바로 외환 보유액이다. 외환 보유액이 많을수록 국가 부도 가능성이 낮아진다. 우리나라는 IMF 위기 때에 외환이 턱없이 부족하여 국제통화기금(IMF)에 구제금융을 신청해야 했다. 1997년 말 한국의 외환 보유액은 39억 달러(약 6조)였고, 현재는 그 당시에 비해 100배가 넘는 약 4,100억 달러(약 600조) 정도를 보유하고 있다. 비 온 뒤에 땅이 더 굳는 법이기 때문에, 현재 대한민국은 환율의 기습적인 급변동이나 충격으로부터 스펀지처럼 유연하게 대처할 수 있는 여력이 눈부시게 성장하였다.

외환 보유고는 국가의 대외 지급 능력, 외채 상환 여력, 환율 안정성 등을 나타내는 매우 중요한 지표라고 할 수 있다. 브라질은 1980년대에 경제 성장을 위해 외채를 많이 썼는데, 미국이 금리를 대폭 인상하면서 외채 상환 부담이 급증하였다. 그 당시 브라질뿐만 아니라 다수의 중남미 국가가 채무불이행(Default) 상태에 빠졌고, IMF의 구제금융을 받았다.

브라질은 1983년부터 1994년까지 약 10년 동안 여섯 번의 헤어컷(Haircut, 채무 삭감)이 있었다. 1930년부터 1990년대 초까지는 세 번의 모라토리엄(Moratorium, 채무상환 일시 연기) 선언이 있었지만 채무 조정에 합의하여 상환을 재개하는 방향으로 진행되었고, 과거 추이를 보면 신용도가 높은 방향으로 발전하였다고 볼 수 있다. 1999년 브라질 외환위기 때에는 외국인의 투자금이 대거 유출되면서 브라질 정부가 환율 방어에 실패하여 브라질의 공식 통화인 헤알화(BRL)가 폭락하였다. 브라질도 한국과 마찬가지로 쓰라린 추억의 흑역사가 존재한다. 해외의 젊은 친구들은 지금의 잘사는 한국이 과거에

IMF 위기가 있었는지는 상상도 못 하는 것과 마찬가지다. IMF 위기가 발발한 때로부터 벌써 약 30년이 지났다.

하지만, 이후 브라질은 급속히 성장 가도를 달려 2010년도를 전후로 중국, 일본, 러시아에 이어 세계 외환 보유액 순위 4위까지도 올라가서 정점을 찍었다. 현재 브라질은 약 3,460억 달러(약 500조) 정도를 보유하고 있고, 중남미 국가 중에서도 외환 보유액이 가장 많을 뿐만 아니라, 중남미 전체 외환 보유액의 약 45% 정도에 달하는 압도적인 규모로 성장하였다. 브라질의 외환 보유액은 과거와 같이 크게 문제가 될 만한 수준이 아니라는 점을 기억해야 한다. 중남미 보유량의 거의 절반에 해당되는 엄청난 규모이다.

브라질과 같은 신흥국(新興國)은 긴급 상황 시에 외화 차입 및 대외 의존도가 높아서, 대외 신용도가 높고 자국의 통화가 결제통화로 사용되는 경우가 많은 선진국에 비해 외환 보유액이 훨씬 더 중요하다고 볼 수 있다. 미국은 기축통화인 달러를 발행하는 국가로서의 경제적 안정을 유지할 수 있는 구조적 특성을 특권으로 누리고 있어서 외환 보유액을 대규모로 보유할 필요성이 떨어진다.

물론 브라질을 외환 보유액만 보고 모든 것을 판단할 수는 없다. 하지만, 브라질의 외환 보유액 순위가 전 세계에서 약 10위 정도 안에 들어간다는 것이 외환시장의 을(乙)의 처지에 있는 신흥국의 위치에서는 단순히 적은 양이 아니라 할 수 있다. 브라질은 일단, 단기적인 지급 능력이나 안정성은 확보되었고, 지급 불능 위험도 매우 낮아졌다고 볼 수 있다. 브라질의 통화나 경제 전반의 유동성도 풍부해졌다.

룰라 대통령은 외채를 끌어와 빚을 지는 것을 지양(止揚)하고, 통신, 철도와 같은 인프라 확충에 큰 힘을 쏟는 등 브라질을 경제 부국(富國)으로 끌어 올리는 데 큰 역할을 하였다. 브라질은 과거의 자본주의 체제에서 어쩔 수 없이 후진국이 겪어야 할 슬픔과 다픔의 경험이 많이 있었다. 하지만, 현대의 자본주의 체제에 정착하는 단계는 넘어섰다고 보는 것이 합리적이다. 그래서 무턱대고 현재의 브라질이라는 국가를 맹목적이고 막연하게 위험하다고 볼 필요성은 현저히 떨어진다고 본다. 외부에서의 투자도 점점 늘어나고 있다.

원래 유명 배우도 과거에는 단칸방을 전전해야 했던 무명 배우 시절이 있는 법이다. 브라질이라는 나라를 이끄는 루이스 이나시우 룰라 다 시우바 대통령은 현재에도 브라질의 성장과 발전을 위하여 온몸을 바쳐 노력하는 내용들이 끊임없이 뉴스에 오르내리고 있다.

브라질의 대표적인 좌파 정당에 속하는 룰라 대통령(79세) 3기 정부의 임기가 약 1년 정도 남았다. 전통적으로 좌파일 경우 헤알화/원의 환율이 약세를 띠는 경향이 있고, 우파일 경우 헤알화/원의 환율은 강세를 띠는 경향도 있다. 물론 각각 정책별로 헤알화에 다른 영향을 준다. 예를 들어 환경정책이나 원자재 가격 등은 헤알화 강세에 영향을 주고, 좌파 정권 특유의 정부 지출이 확대되고 재정 적자가 심해지면 약세에 영향을 주는데, 현재는 혼재되어 있어서 큰 흐름에 있어서 횡보하는 것이다.

브라질의 룰라 다 시우바 대통령 〈도서 『대통령의 길 룰라』, 글로연(2012)〉

　룰라 대통령의 나이가 좀 걸리긴 하지만 현재 지지율이 낮지 않다. 기억해야 할 가장 중요한 점은 룰라 대통령의 4선 당선 여부와 관계없이 현재 시점 이후로는 점진적으로 헤알화/원의 환율은 횡보 후, 결국에는 중장기적으로 상승할 여지가 클 수밖에 없으므로 매우 유리한 형국이라는 것이다. 헤알화/원의 환율이 올라갈 때는 무슨 일이 일어나도 결국 올라가기 때문이다. 만약 룰라 대통령의 4선 도전에 성공하면 헤알화의 가치가 꾸준히 올라가는 쪽으로 더욱더 현실적인 힘이 실리게 된다.

　한편, 많은 사람이 브라질을 정치적으로 매우 불안정하여, 환율 변동성이나 위험성이 크다고 평가하곤 한다. 하지만, 이와 같은 정치적 불확실성으로 인하여 브라질 국채의 금리가 높게 책정되었기 때문에 투자자 입장에서는 높고 안정적인 이자수익을 챙길 수 있게 된 것이고, 금리 차이로 저금리에서 고금리로 투자자금이 이동하는 캐리 트레이드(Carry Trade) 효과도 일어난다.

2022년 대선 후보 기준의 2026 브라질 대선 가상 지지율 〈Poder〉

　구시대가 아닌 앞으로 어떻게 될 것인가가 가장 중요하다. 브라질은 정치적인 측면에서도 점점 발전하고 있다. 브라질이 크게 문제가 되는 나라가 아니라는 점을 이해해야 한다. 결론적으로 브라질 국채에 투자했을 때 중도 또는 만기에 실질적인 투자원금 정도 이상으로만 회수되어도 되는데, 앞으로 헤알화의 가치가 환율 상으로 큰 문제가 없는지 차근차근 알아보도록 하자.

GDP 대비 높은 공공부채와
룰라 정권 이후?

　2025년 현재 브라질의 공공부채는 GDP의 92.4%이고, 2029년에는 99.4%까지 증가할 것으로 예상하였다. 높은 공공부채는 브라질이 BB(Ba1)의 신용등급을 받는데 주요 요인이 되었다.

　먹고살 만하다는 나라인 OPEC 회원국 평균이 GDP 대비 공공부채 비율이 약 60% 전후 정도이며, 대한민국은 약 50% 정도의 수준이다.

　브라질이 현재 투자적격등급(Investment Grade)에 들어가지 못했던 이유 중의 하나도 GDP 대비 높은 공공 부채비율로 인하여 재정 건전성에 계속해서 무리를 가했기 때문이다.

　2022년부터 현재까지도 인플레이션을 억제하기 위하여 높은 금리를 유지하였고, 인프라, 공공서비스, 복지의 지출 확대는 결국 정부의 지출을 증가시켜 GDP 대비 공공부채 비율을 점점 증가시켰다. 금리는 동결 후 금리 인하 기조로 가고 있고, 연금개혁으로 공공부채율을 감소시킬 여력이 있고, ESG 정책으로도 장기적인 잠재력을 지니고 있어, 좌파 정권 특성상의 퍼주기식 지출도 상쇄되거나 무마될 수 있다.

우파나 중도우파 정부는 일반적으로 지출 억제, 긴축 재정을 하는 정책 방향의 흐름이 있고, 규제를 완화하여 민간 투자를 확대하여, 세수를 증대할 가능성이 있으므로 공공부채 비율에는 어느 정도 브레이크가 걸리는 경향이 있다.

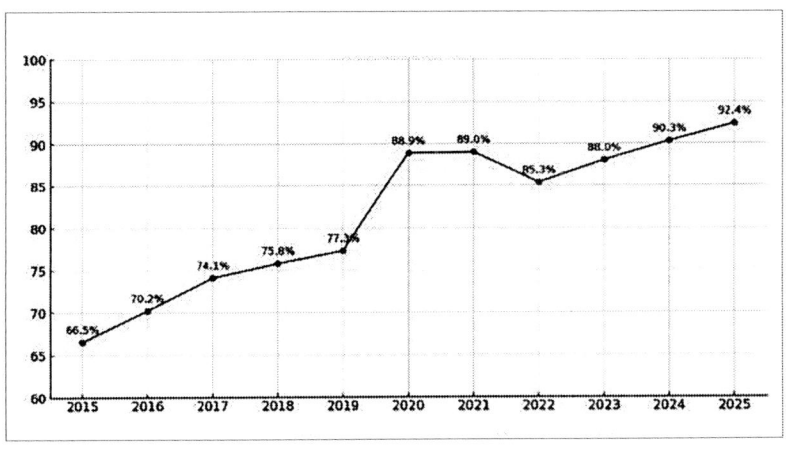

브라질 공공부채/GDP 추이 〈Trading Economics〉

 한편, 우리나라도 문제지만, 브라질의 공적연금도 재정적자가 큰 문제이다. GDP 대비 공공부채 비율이 증가한 요인 중 하나가 과도한 연금지출이었기 때문에 어서 빨리 연금개혁이 성공적으로 시행되면 약 10% 정도의 공공부채 비율이 낮아질 것으로 예상된다. 룰라 대통령의 4선 당선 여부와 관계없이 연금개혁안 등과 같은 몇몇 중요한 문제를 해결하면서 헤알화의 가치에는 꾸준히 우호적으로 작용할 것이다. 그래서 과거와 같이 급격하진 않지만, 완만하게 우상향이라는 것이다.

즉, 현재 상황에서는 2026년 브라질 대선에서 누가 대통령이 되든지 간에 공(功)을 가져갈 수 있는 상황이다. 현재의 환경이 이와 같은 상황에 놓여 있다. 그래서 좌파나 우파와 관계없이, 브라질의 가치는 과거와 같이 급격한 수직 성장보다는 꾸준하고 안정된 성장을 이루게 될 것으로 예상된다. 즉, 룰라 대통령 이후의 정권에서도 헤알화가 점진적인 강세의 요인으로 작용하여 우상향할 가망성이 크다는 것이다. 자세한 설명은 후반부에 이어진다.

브라질과의 세 번째 인연

 필자의 동창들은 기억할 수도 있겠지만, 국민학교 시절 국가별 수도와 깃발 및 대통령과 국가의 특징들을 발표하는 수업이 있었다. 필자는 브라질이라는 국가에 배당되어 브라질을 매직으로 전지에 요약하여 발표하였는데, 브라질의 수도가 브라질리아라는 것을 이때 알게 되었다. 그러고 보면 참 세상 많이 변한 것 같다. 브라질의 유명한 도시 상파울루는 브라질의 금융 중심지이자 약 2천만 명이 거주하는 세계에서 인구 밀도가 가장 높은 도시 중의 하나로, 국제적 영향력이 있는 수도 급의 도시라 할 수 있다.

 그래도 발표를 한 국가는 나이를 먹고도 제일 기억에 많이 남지 않던가? 그 당시에는 브라질이라는 국가에 대해서 참 열심히 준비했었던 것 같다. 브라질의 인구는 2억 명으로 우리나라 보다 약 4배나 많았고, 다양한 인종과 민족이 어우러져 살고 있었다. 커피, 곡물, 원유, 철광석 등의 전략자원을 풍부하게 보유하고 있고, 석유와 천연가스의 매장량도 매우 풍부하여 자원 부국(富國)으로 불린다. 또한 재생 에너지의 성장 잠재력을 보유하고 있으며, 세계 최대 규모의 농업 생산 국가이기도 하다. 브라질의 커피는 전 세계 생산량의 30% 이상을 생산한다. 앞으로 불어 닥칠 세계 식량 위기 문제의 해결에서도 브라질의 역할은 아주 중요하다. 브라질에는 녹림이 무성하기로 유명한 아마존 밀림지대가 있다. 여기서 지구 산소 공급량의 20~30%를 생산하기 때문에 지구의 허파로 불리고, 지구에서 발생하는 막대한 양의 탄소(Carbon)를 흡수하고 있다.

세계적으로는 탄소와 관련된 환경문제에도 관심이 아주 많다는 것을 익히 들어 보았을 것이다. 매장되어 있는 어마어마한 자원 외에도, 만약 브라질이 지구의 탄소 흡수원으로서 공식적으로 인정이 되면 브라질의 위상은 더욱더 높아지게 되고, 금융적인 지원을 받을 수 있게 된다. 중장기적으로 헤알화의 가치를 탄탄하게 받쳐 주고 높여 주게 될 것이다.

이처럼 브라질은 자원이 풍부하여 중국을 비롯한 아시아 국가들에 원자재를 공급하는 역할을 한다. 따라서 브라질 경제는 20년 이상의 장기적인 원자재 가격의 호황으로 상승 추세를 의미하는 원자재 슈퍼사이클(Commodities Super-Cycle)과 밀접하게 연결되어 있으므로 성장 잠재력이 아주 크다. 자원 수출국 통화라는 특성상 원자재 강세장에서 강한 흐름을 보이는 특성이 있다.

한편, 브라질은 미국이나 선진국의 경기 사이클과는 다른 양상을 띨 때가 많아서, 앞으로 헤알화 가치가 횡보 후 크게 상승할 일이 남았다. 분산하여 자산 배분하기에도 유용하다.

시간이 한참 지나고 나서 나이를 먹고 필자는 과거에 미래에셋생명이란 회사에서 근무하게 되었다. 2008년 무렵에도 브라질 관련 펀드는 인기가 아주 많았다. 특히 미래에셋에서 발행된 브릭스 펀드류는 과거 차이나 펀드 이후에 새롭게 떠오르는 대안으로 수많은 관심을 받고 있었다.

이때 대대적으로 금융시장에서 알 만한 사람은 다 아는 월 지급식 비과세 브라질 국채가 금융회사마다 출시되었고, 고금리가 부여된 탓에 시장에서는 자산가들의 많은 사랑을 받았다. 물론 필자는 미래에셋생명에 재직하던 시절부터 작년 후반까지, 브라질 국채를 적극적으로 매수해도 되는 시점이라고 판단하기 전까지 약 15년 동안 브라질 국채를 권유하거나 판매를 한 적이 한 번도 없었다.

물론 브라질의 신용등급이 아직 투기등급에 속해 있어 브라질 국채는 원천적으로 투자 권유를 할 수 없고, 고객의 요청에 의한 단순 중개만 가능하다. MTS에 접속하여 단순 중개 대수 신청을 하는 것도 가능하다.

대부분의 대형 증권사에서 그렇게 광고하고 홍보하며, 대형 증권사마다 1조 원 판매 등의 기사가 쏟아지는 동안에도 헤알화/원의 환율 문제가 가장 위험(risky)하기 때문에 단 한 번도 소개나 추천을 하지 않았다. 오히려 국가의 신용 문제는 크게 문제가 되지는 않았었다. 이 부분은 약 20년 전부터 장시간 동안 개발한 시스템을 통하여 자사에서는 기준을 잡고 판단을 할 수 있었다. 그리고 아주 간단하면서도 당연한 방법과 여러 가지 근거들에 비추어 볼 때, 헤알화가 고평가 되어 있다는 것을 알 수 있었다. 이 책의 전반에서 자세히 설명하겠지만, 연금 최적화 출범 이후에는 아무리 고액 건이라도 10만 원 또는 11만 원 이상의 연금 상품을 권한 적이 없었다.

하지만, 그 이후 약 15년이라는 시간이 지났다. 헤알화/원 환율은 브라질 룰라 대통령이 퇴임한 2011년부터 약 10년간 하락하여 700원대에서 200원대까지 추락했다. 룰라가 브라질 39대 대통령으로 3선에 성공한 이후 2022년부터 헤알화/원 환율은 하락을 멈추고 몇 년간 횡보하였고, 2025년에는 250원대를 오가고 있다. 가장 중요한 점을 꼽자면 10년 이상이라는 긴 세월의 하락 추세가 드디어 끝이 났다는 것이다. 이것은 매우 중요한 것을 의미하고 시사한다.

필자는 그렇게 각 대형 증권사에서 호들갑을 피우던 2010년대가 아니라 (차차 자세히 설명하겠지만), 2025년 현재의 시점에 주목했다. 대한민국의 이자소득자나 배당소득자라면 브라질 국채에 투자하기에 아주 적합하고 위험성이 매우 떨어지는 시기라고 판단했기 때문이다. 그러나 막연히 위험하다는 소문만 있고, 정확한 정보가 제공되는 곳이 제대로 없거나 취약하기에 소규모 강의 등으로는 한계가 있어서 이 책을 집필하게 된 것이다.

브라질 국채 발행의 비밀

국채 발행의 주체인 브라질 정부는 국가의 신용을 담보로 거액의 자금을 일시에 조달하거나 정책을 시행하기 위하여 브라질 재무부와 협력하여 기관투자자를 대상으로 채무증권을 발행하는데, 브라질 중앙은행(BCB)이 발행 대리 역할을 한다.

국가는 조세(租稅)를 먹고 살듯이 세입 능력인 국가의 신용을 담보로 하여 2개 이상(S&P, Moody's, Fitch) 복수의 신용평가를 받아 발행하므로 브라질 국채는 물리적인 담보도 없고, 제3자 보증도 없는 무보증사채에 해당한다. 요즘은 대부분 무보증사채 이다. 그래서 채권은 신용을 중요시하는 것이다. 국채는 조세와 함께 아주 중요한 국가 재원의 하나이기도 하다.

헤알화 표시 브라질 국채는 거대한 국채 공개 입찰을 통한 단일가격경매(Dutch Auction) 방식으로 발행하고, 중앙은행 또는 증권사나 은행의 국채 전문 딜러(Primary dealer)들은 이 입찰에 참여해서 일정

비율 이상 인수 의무를 지거나 이후에 'Inter-Dealer Market'에서 시장 조성을 하여 딜러 간 거래가 활발히 이루어지거나 장외(Over The Counter)시장에서 가격이 결정된다. 브라질 국채의 입찰제도는 금융선진국인 미국을 모방하여 체계적이고 예측할 수 있는 구조로 매주 거의 정기적으로 경쟁 입찰이 진행된다. 기관투자자들도 시장에 참가하므로, 안정적인 유동성과 수요와 공급이 풍부한 시장 환경을 제공한다.

달러 표시 브라질 국채는 주관사가 인수 후 판매하는 방식(Underlighting)으로 발행한다. 아래의 사진은 브라질 국채 증서의 아주 오래된 과거 모습들이다. 요즈음은 전자증권 형태로만 발행된다.

일반적으로 현지 통화 표시 브라질 국채의 발행자가 지급하기로 한 채권 액면가의 연(年) 고정 지급이자율에 해당하는 표면이율은 연 10%에 해당한다. 채권의 표(票, Coupon)에 이율이 적혀 있다고 하여 표면금리를 '쿠폰(Coupon)금리'라고도 한다. 이자율 자체는 상당히 매력적인 수치이지만, 높은 이자율만으로는 브라질 국채 투자의 성공을 장담할 수 없다. 다른 요인들도 적용받을 수 있기 때문이다.

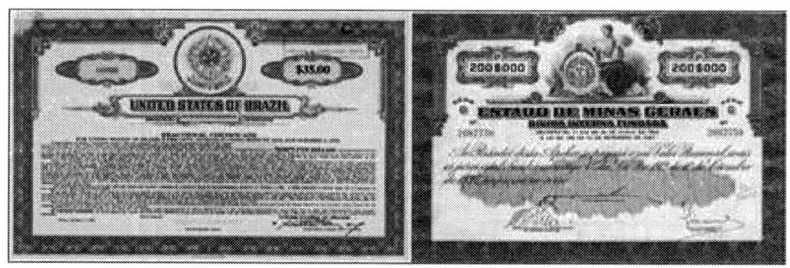

1931, 1937 Brazil Government Bond Certificate 〈Artonpapers〉

브라질 국채는 주로 6개월 이표채(利票債)로 되어 있는데, 잔존 기간 내에서 정해진 단위 기간인 6개월마다 이자(Coupon)를 주기적으로 지급한다. 브라질 국채와 같은 채권은 이자와 원금의 규모 및 만기 상환 일정이 미리 정해져 있으므로 'Fixed Income'이라고도 한다.

만기에는 채권 발행 시 약정된 원금인 액면금액(Face Value)이 상환된다. 채권은 주식보다 선순위 변제권을 가지며, 주식 대비 매우 높은 안전성을 추구한다. 나이가 들수록 여자들은 남자들이 자동차 운전을 할 때의 안정성에서 편안함을 느끼듯이, 부자들은 채권이 지닌 속성과 안전성에서 극도의 편안함을 인지하는 경향이 있다.

채권으로부터 중도에 주기적으로 이자(Coupon)를 받는 것은 채권의 원리금 지급 방법에 따른 분류 중에서도 할인채나 단기채, 복리채에는 없는 오직 인컴(Income) 수익을 받을 수 있는 이표채만이 가진 가장 큰 매력이라 할 수 있다.

브라질 국채는 6개월마다 표면금리 연 10%의 이자(利子)가 나오는 표(票, Ticket)인 이표(利票)채권의 대표 선수이다. 현재 이후의 시점에서는 헤알화가 저평가되어 있으므로 가능한 경우 브라질 국채를 포트폴리오에 포함시키는 것이 좋다. 여기서 비과세인 이자소득세를 무제한으로 먹고 들어가야, 금융소득 종합과세 대상 한도의 기준인 금융소득 2,000만 원을 주식의 배당으로 조절하여 할당받기에 유리하다.

브라질 국채의 매매일로부터 채권의 만기일까지의 잔존 기간이 딱 떨어지는 10년이 아니더라도 잔존 기간 내의 해당 일에는 모두 이자가 지급되므로, 이자로 계획적인 생활을 할 수도 있고, 재투자를 할 수도 있다. 헤알화의 가치는 우상향하고 있으므로 10년 만기 브라질 국채의 경우 만기까지의 기간도 어느 정도 여유가 있기 때문에 이자를 재투자하였을 경우 복리 효과를 일으키기에 용이하다.

이표채는 적립식 펀드와 마찬가지로, 매월 내는 적립금에 비유할 수 있다. 이자(Coupon)를 재투자할 때 채권 가격이 너무 높으면, 비싸게 채권을 매수하게 되는 셈이기 때문에, 이른바 만기까지 현금 흐름이 여러 번 발생함으로써 생기는 재투자 위험이 나타난다.

만약 금리 인하 기조가 계속해서 이어져 채권 가격이 끝자락에서 지나치게 고평가 되어 있을 때는 이자를 재투자하지 않도록 하자. 이때 이자는 연금이나 생활비로 사용하거나, 보유하거나, 보유하고 있는 배당주 계좌에서 부족한 자금을 메꾸는 식으로 응용하면 된다. 브라질 국채의 이자 재투자는 일정 기준의 금액을 잡는 것이 중요하다.

연말까지 금리 동결 기조가 이어진 후 금리 인하기로 접어들면, 현재 할인된 효과가 일어나 있는 채권 가격은 점점 상승할 수밖에 없게 된다. 하지만, 브라질 국채는 표면금리가 연 10%로 매우 높으므로, 금리 하락 시의 가격 상승 폭은 금리 상승 시의 가격 하락 폭보다는 상대적으로 완만하다. 채권의 가격이 상승하여 중도에 매도하면 이자수익 외에도 금액의 크기와 관계없이 비과세 자본 차익을 추가로 남길 수도 있다.

브라질의 로컬 채권 발행 규모는 1조 4천억 달러로 꾸준히 증가하고 있어 채권시장의 중요성이 나날이 커지고 있다. 비거주자(외국인)의 로컬 채권 보유 비중은 약 10% 정도 내외에서 무리가 없이 안정적으로 움직이고 있다.

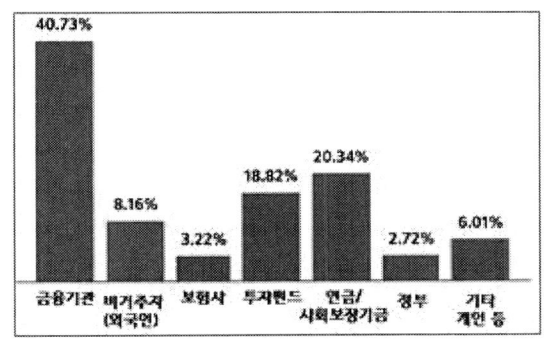

브라질 로컬 채권 보유 비중
〈Tesouro Nacional Public Debt Reports〉

반면 외화 표시 브라질 국채는 로컬 채권의 1/25 수준인 약 550억 달러 정도가 발행되어 점점 증가하고 있다. 외화 표시는 거의 90% 이상이 달러화로 발행된다. 나머지는 유로화, 위엔화 등이 있다.

15년 전에는 위험했었지만, 지금은?

금융 당국에서도 2010~2012년의 헤알화/원의 환율이 약 700원일 때 그렇게 쏟아지던 각 금융사의 브라질 국채 투자 관련 기사나 위험성을 제재하지 못했을지언정, 헤알화/원 환율 250원 시대인 2025년부터 브라질 국채의 궁금증을 풀어쓴 필자의 책에는 절대로 제재를 가하지 않기를 간곡히 당부한다.

왜냐하면, 브라질 국채는 외국의 주권 국가가 발행하여 증권신고서의 제출은 면제가 되지만, 지금까지는 신용등급이 미달하여 구분상으로는 초고위험 자산으로 분류가 되기 때문에 증권사에서 직접적인 투자 권유가 원칙적으로 불가하고 고객의 요청에 의한 단순 중개만 가능하기 때문이다.

2017년에는 국내의 외화채권 중에서 브라질 채권의 비중이 70% 이상을 상회할 정도로 어마어마한 거래량을 동반한 적도 있지만, 브라질 국채와 관련된 제대로 된 안내서는 한 권도 찾아볼 수 없다. 그 당시 브라질 국채는 없어서 못 판다는 말이 나올 만큼 인기였다. 브라질 국채의 장단점이 과거와 현재가 뒤죽박죽 섞인 채 일반 투자자들은 뭐가 뭔지 헷갈릴 수 있는 환경이 조성되어 있다.

오히려, 금융 당국에서는 필자와 같은 제대로 된 내용의 안내를 적극적으로 권고해야 함을 인지하고 각성해야 한다. 독자 분들께서도 제대로 이해하고, 적극적으로 실행해 보기 바란다. 지금은 15년 전의 상황과는 천지(天地) 차이라고 할 수 있다. 이는 대한민국도 마찬가지이기 때문에 과거의 고정관념을 버리고 적극적으로 재고(再考)할 필요가 있다.

국내에는 브라질 국채에 대한 정보가 턱없이 부족하고 정확하지도 않다. 여러 가지 이유가 있지만, 룰라 대통령 시절에 순채권국으로 전환되기 이전의 아픈 과거 전적으로 인하여 신용등급이 낮아진 탓이다. 브라질 국채는 상품 위험등급이 1등급일 정도로 위험성이 여전히 높고, 정치적 불확실성과 재정 불안정 및 대외 경제의 위험성으로 환율이 크게 폭락하는 등 여러 가지 리스크를 안고 있다. 이렇다 보니 은행이나 증권사 직원들이 먼저 투자 권유를 할 수 없는 것이 국내의 현실이었다. 금융소비자를 보호할 요량이라면 자극적인 기사를 쏟아 부을 것이 아니라, 2010년도에 그랬건 것처럼 판매 중지와 같은 강력한 제재를 해야 했을 것이다. 하지만 현실적으로 불가능한 것이 사실이다.

그러나 필자는 2025년 현재 시점에서 정확한 정보를 제공해드리는 것이기 때문에 금융 당국에서도 태클을 걸지 않았으면 하고, 오히려 일반 투자자들이나 고액 자산가들이 브라질 국채를 제대로 배울 수 있는 기회가 되었으면 한다.

특히, 환율 급락기를 겪어 본 경험 없이, 브라질 국채 투자를 처음 접하는 현금 자산가나 고액 자산가는 위험성이 낮고 수익 여건이 좋은 기가 막힌 타이밍에 이 책을 만난 것이 큰 행운이 될 것이다. 20년 만에 찾아온 아주 좋은 투자 환경이자 최적의 기회라고 할 수 있겠다.

투자적격 등급
턱밑까지 쫓아온 브라질

　최근 신용평가사 무디스(Moody's)는 브라질의 신용등급을 Ba2에서 Ba1으로 상향 조정하였고, S&P와 Fitch에서는 BB 등급을 유지하고 있다. 사람들은 좋은 투자 대상을 발굴하기 전에는 열광하지 않는다. 브라질 국채의 위험성 문제는 이제 투자적격 턱밑까지 와서 숨어 있는 형국이라 할 수 있다.

주요 신용평가사의 신용평가등급표 〈Moody's, S&P, Fitch〉

Brazil : Sovereign Credit Rating

Agency Rating	Moody's Outlook	Date
Ba1	Stable	5/2025
Ba1	Positive	10/2024
Ba2	Positive	5/2024
Ba2	Stable	4/2022
Ba2	Stable	5/2020
NR	Not Rated	10/2019
Ba2	Negative	4/2018
Ba2	Negative	5/2017
Ba2	Stable	3/2017
Ba2	Negative	2/2016
Baa3	Under Review	12/2015
Baa3	Stable	8/2015
Baa2	Negative	9/2014
Baa2	Stable	10/2013
Baa3	Positive	9/2009
Ba1	Stable	8/2007
Ba1	Under Review	7/2007
Ba2	Under Review	5/2007
Ba2	Stable	8/2006
Ba3	Under Review	8/2006
B1	Positive	1/2005
B2	Stable	11/2003
B2	Positive	6/1999
B2	Stable	9/1998

Agency Rating	Fitch Outlook	Date
BB	Stable	7/2024
BB	Stable	12/2023
BB	Stable	7/2023
BB-	Stable	12/2022
BB-	Stable	7/2022
BB-	Negative	12/2021
BB-	Negative	6/2021
BB-	Negative	11/2020
BB-	Negative	5/2020
BB-	Stable	11/2019
BB-	Stable	5/2019
BB-	Stable	8/2018
BB-	Stable	2/2018
BB	Negative	11/2017
BB	Negative	5/2017
BB	Negative	11/2016
BB	Negative	7/2016
BB	Negative	5/2016
BB+	Negative	12/2015
BBB	Stable	8/2014
BBB	Stable	7/2014
BBB	Stable	4/2014
BBB	Stable	1/2014
BBB	Stable	11/2013
BBB	Stable	10/2013
BBB	Stable	7/2013
BBB	Stable	4/2013
BBB	Stable	9/2012
BBB	Stable	7/2012
BBB	Stable	4/2012
BBB	Stable	1/2012
BBB	Stable	10/2011
BBB	Stable	4/2011
BBB	Positive	6/2010
BBB-	Stable	5/2008
BB+	Stable	5/2007
BB	Positive	2/2007
BB	Stable	6/2006
BB-	Positive	10/2005
BB-	Stable	9/2004
B+	Stable	11/2003
B	Positive	6/2003
B	Stable	3/2003
B	Negative	10/2002
B+	Negative	8/2002
B+	Negative	6/2002
BB-	Negative	7/2001
BB-	Stable	9/2000

Agency Rating	Standard & Poor's Outlook	Date
BB	Not Rated	9/2025
BB	Not Rated	6/2025
BB	Stable	6/2025
BB-	Positive	12/2019
BB-	Developing	11/2019
BB-	Developing	4/2019
BB-	Stable	1/2018
BB	Negative	8/2017
BB	Negative	2/2016
BB+	Negative	9/2015
BBB-	Negative	7/2015
BBB	Stable	3/2014
BBB	Negative	6/2013
BBB	Stable	7/2012
BBB	Stable	11/2011
BBB-	Positive	8/2011
BBB-	Positive	5/2011
BBB-	Stable	4/2008
BB+	Positive	5/2007
BB	Positive	11/2006
BB	Stable	2/2006
BB-	Positive	11/2005
BB-	Stable	11/2005
BB-	Stable	9/2004
B+	Positive	12/2003
B+	Stable	4/2003
B+	Negative	7/2002
BB-	Negative	8/2001
BB-	Stable	1/2001
B+	Positive	2/2000
B+	Stable	11/1999
B+	Negative	1/1999
BB-	Negative	9/1998
BB-	Stable	4/1997
B+	Positive	6/1996
B+	Positive	12/1995
B+	Stable	7/1995
B	Positive	

Grade	
Stable	안정적
Positive	긍정적
Negative	부정적
Developing	개발 중

Outlook	
Under Review	검토 중
Not Rated	전망 미제시 시 단순등급유지

브라질 국가신용등급 현황

무디스	S&P	피치
Aa1	BB	BB
안정적	안정적	안정적 대체시 내장등급유지

https://www.theglobaleconomy.com/Brazil/credit_rating

브라질 주권국가 신용등급 추이 〈The Global Economy〉

브라질이 공식적으로 투자적격의 범주에 들어오면 전 세계의 수많은 기관, 외국인, 법인들의 채권투자 대상의 도마 위로 올라가게 되어 관심도가 올라가고, 투자가 보다 활성화 될 것이다.

영국 은행을 부순 남자로 유명한 조지 소로스도 불확실성에 대한 투자를 강조하는 데에는 이유가 있다. 이 세상에서 유일하게 꾸준히 지속되는 것은 변화뿐이기 때문이다. 변화가 있는 곳에 기회가 있는 법이다. 지금은 높은 곳에서 낮은 곳으로 움직이는 변화가 아니라, 낮은 곳에서 높은 곳으로 움직이는 상승 전환의 기회이다.

브라질은 신용평가사 3사에서 투자적격과 투자주의를 크게 가르는 빨간 기준선 바로 밑까지 올라와 있다. 신용등급이 상승하면 채권수익률이 하락하여 브라질 국채의 가격은 상승하게 된다. 현재의 BB(Ba1)에서 예전의 BBB(Baa2) 정도 전후까지만 보더라도 헤알화/원 환율의 상승 여력이 많이 남아 있다.
글로벌 신용평가사들은 최근 브라질의 신용등급을 주로 안정적(Stable)이거나 긍정적(Positive)이라는 코멘트를 하였다.
반면, Moody's는 미국의 국가 신용등급을 최고 등급인 Aaa에서 한 단계 낮은 Aa1으로 강등(降等)하였다.

분명 헤알화 강세 시절, 예전의 브라질과 같이 투자적격 단계로 격상하게 되면 헤알화/원 환율은 250원대보다 훨씬 더 높은 금액이 되어 있을 것이 분명하다. Moody's는 투자등급인 Baa3 등급까지 이제 한 단계밖에 남지 않았다. Moody's는 아시다시피 세계 3대 신용평가사 중 한 곳이며, 특히 채권시장 투자자들에게 가장 권위 있는 신용등급을 제공하며 영향력 1, 2위를 다투고 있다.

우리나라가 IMF에 구제금융을 신청한다거나, 브라질이 경제위기 등의 이유로 신용등급이 하락하여 부도 위험에 처한다는 흑역사를 고정관념으로 가지면 계속해서 과거에 머물러 있게 된다. 일반적으로 신용등급이 하향되면 시장에서는 더욱 높은 채권수익률을 요구하기 때문에, 채권수익률이 상승하여 채권 가격은 하락하게 된다.

국가의 신용등급은 희한하리만큼 개인의 신용 심리와도 매우 흡사하다. 채권에서는 신용등급이 매우 중요한 역할을 한다. 채무증권이기 때문이다. 주식의 가격은 궁극적으로 실적으로부터 영향을 받지만, 채권의 가격은 근본적으로 신용으로부터 영향을 받기 때문이다.

앞으로 신용등급이 상향되면, 채권수익률이 하락하여 채권 가격이 상승하게 되면서 외국인 매수세가 유입되고, 시간이 지나면 매수세가 더욱더 본격화된다. 투자적격등급의 채권으로 전환되면, 공식적으로 기관투자자 매수세 유입으로 헤알화는 더욱더 강세가 가능해진다. 그때 과거를 까맣게 잊어버리고 탐욕에 찬 개미들은 2010년대와 같이 또 우르르 몰려가고 신문 기사에서는 대서특필되고, 브라질 국채로 온갖 트래픽(Traffic)이 몰리게 된다. 브라질 국채뿐만이 아니라, 다른 이슈도 그렇고 과거의 차이나 펀드 때에도 근본적인 속성은 항상 비슷하였다.

원래부터 아날로그인 세상을 사회가 '디지털'이라는 숫자 체계로 구분해 놓은 것처럼, 상품별 투자위험 분류 기준도 단지 등급으로 구분하여 나누어 놓았을 뿐이다. 분류 기준을 자세히 보면 1등급부터 해당 사항이 존재하는 5등급까지도 정도의 차이가 있을 뿐이지 위험하기는 모두 똑같다. 분류 기준을 보고 너무 불안해할 필요가 없다. 예전에도 브라질 국채는 4등급의 몇 보(步) 앞까지도 갔었다. 원래 세상은 다 한 끗 차이다.

■ 상품별 투자위험 분류기준
※ 잔존만기(주1)가 10년 초과인 경우 시장위험을 고려하여 한단계 높은 위험등급으로 분류합니다.

위험등급	1등급	2등급	3등급	4등급	5등급	6등급
투자위험도	매우높은위험	높은위험	다소높은위험	보통위험	낮은위험	매우낮은위험
투자자성향	공격투자형		적극투자형	위험중립형	안정추구형	안정형
해외채권 (KP물 포함)	해외신평사 기준 BB+(Ba1) 이하 또는 무등급	(해당없음)	해외신평사 기준 BBB+(Baa1) ~ BBB-(Baa3) 조건부자본증권중 A+ 이하	해외신평사 기준 A+(A1) ~ A-(A3) 조건부자본증권중 AA- 이상	해외신평사 기준 AAA(Aaa) ~ AA-(Aa3)	(해당없음)

주1) 잔존만기 : 판매일 기준으로 만기일까지 잔여기간 (국내발행 원화표시 조건부자본증권등과 후순위채의 경우 최초 중선 행사일을 만기일로 봄)

공격 투자형에 해당하는 브라질 국채 〈BNTNF 10 01 '01/35 NTNF〉

지금 헤알화의 가치는 준(準) 바닥권이다. 브라질과 한국 사이의 신용등급 차이가 축소될수록 헤알화/원의 가치는 상승할 것으로 전망된다. 중장기적으로 헤알화/원 환율은 꾸준히 상승할 수밖에 없는 흐름으로 가고 있다. 이는 곧 과거와 같이 환차손을 입기 힘든 새로운 국면을 맞이하는 트리플 강세의 상황이라 할 수 있다.

점점 낮아지고 있는
브라질의 국가 신용위험 추이

　브라질 국채는 자국 내에서는 정부가 발행한 안전자산이자 무위험 자산일지언정, 해외 투자자 입장에서는 신용스프레드 위험이 커서 무위험 기준선인 미국 국채 수익률과의 차이가 큰 신흥국 채권이다. 스프레드는 두 가격의 차이를 의미한다.

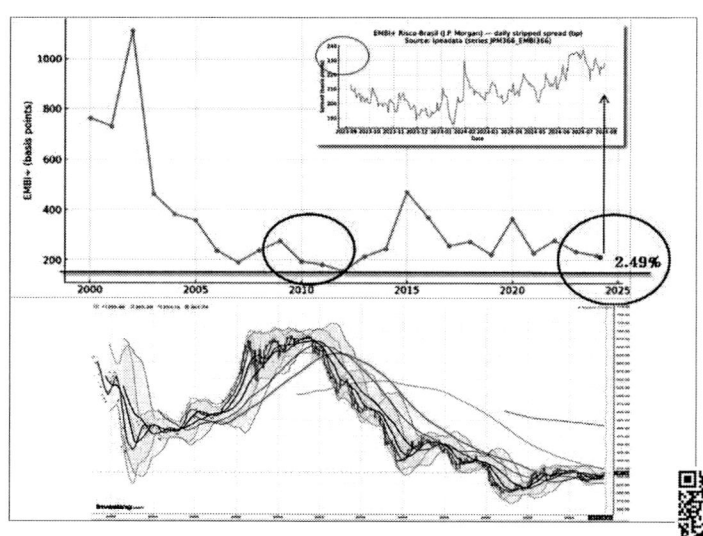

브라질 EMBI+ 스프레드와 헤알화/원 〈JP모건&Investing〉

브라질 국채의 높은 금리에는 기본적으로 신용 프리미엄이 포함되어 있다. 지구에서는 미국 국채를 일종의 무위험 자산으로 간주하고 있다. 국채 자체도 본래는 안전자산으로 분류된다.

브라질 EMBI+(Emerging Market Bond Index Plus) 스프레드(Spread)는 브라질과 미국 국채의 수익률 차이로 계산되는데, 국가의 신용등급, 정치적 안정성, 경제 성장률 등의 다양한 요인을 반영하여 신흥국 국가별 신용위험을 평가하는 데 사용된다.

현재 브라질의 EMBI+는 2.49%이고, 같은 범주에 들어가지 않지만 체감을 위해 비교하자면 한국은 0.49% 정도에 해당하고, 미국은 EMBI 비교 대상인 무위험 자산이므로, 스프레드 개념상 0%에 해당한다고 볼 수 있다. 수치가 상승하면 신용위험이 증가하고 수치가 내려가면 신용위험이 하락한다. 현재 브라질의 신용위험은 꾸준히 하락하고 있어 점점 안정성이 상승하고 있고, 추가적인 하락을 여지에 두고 있다.

닮은 구석이 있는
한국과 브라질

지금의 대한민국이 있기까지 5.18 광주 민주화운동이 있었다면 고개를 설레설레 흔드는 외국인이 있을 것이다. 한국에서 어떻게 그런 일이 있을 수 있었는지 의문이 들 수밖에 없을 것이다.

그래서 노벨문학상을 수상한 소설가 한강은 1980년 5월 18일부터 열흘 동안 있었던 광주 민주화운동 당시의 상황과 살아남은 사람들의 이야기를 〈소년이 온다〉를 통하여 세계 곳곳에 다시 한 번 알리는 계기가 되었다. 현재 한국은 쓰라린 과거사를 밟고 그야말로 눈부시게 발전을 할 수 있었다.

한편, 팝의 황제 마이클 잭슨은 1995년에 〈They don't care about us〉라는 노래를 발표했다. 이 곡의 브라질 버전에서는 브라질의 대표적 도시인 리우 데 자네이루의 악명 높은 슬럼가인 파벨라에서 빈민가 거리의 빈곤과 억압받는 사회적 문제들을 상징적으로 담아낸 뮤직비디오를 제작하기도 했다. 각종 문제가 드러날까 봐 브라질 정부의 반대가 심했지만, 도시 주민들의 항의로 결국 뮤직비디오를 촬영하게 되었는데 전 세계에 홍보가 제대로 되었다. 브라질 버전으로 보면 흥미가 생길 것이다.

They don't care about us! Music Video Brazil ver. 〈Michael Jackson〉

　브라질은 오래전부터 빈부 격차로 인한 불평등이 심한 나라 중의 하나이고, 빈민가는 범죄 조직이 장악하였고, 경찰의 폭력 문제가 사회적 갈등을 유발하였으며, 살인율이 세계적으로 높았던 나라이다. 뿐만 아니라 정치권의 부패로 국민의 불신이 컸으며, 경제적으로도 후진국에 해당하는 나라였다.

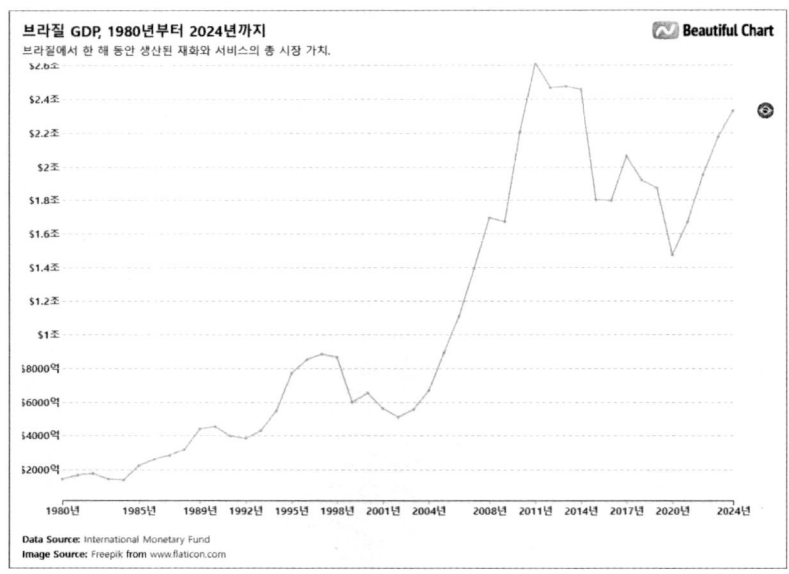

브라질의 GDP 변천 과정 〈Beautiful Chart〉

과거에 한국은 어떠했던가? 가만히 보면 언제 그랬냐는 듯이 완전히 탈바꿈을 할 수 있었다. 브라질의 GDP는 지난 30년 동안 약 3~4배 이상이 증가하였고, 지난 40년 동안은 14배가 증가하여 전 세계 국가별 GDP 성장률은 23위에 해당하고, 한국은 10위에 해당한다.

하지만 한국이 그래왔던 것처럼 브라질의 성장성은 아직도 잠재되어 있고, 앞으로 브라질이 어떻게 성장 가도를 달리게 될지 매우 기대가 된다.

일반 회사채보다
수백 배 안전한 국채

잠깐 씨름선수 최홍만의 격투기 이야기로 들어가 보자. 최홍만 선수는 전성기에 레이 세포, 밥셉, 아케보노 다로, 레미 본야스키, 표도르 예멜리야넨코, 새미 슐트, 제롬 르 밴너 등과 같은 세계 각국의 유명 격투기 선수들과의 경기에서 주도적으로 맞서 아주 멋진 경기를 보여주었다. 보고 있노라면 속이 시원할 정도이다. 마치 브라질이라는 국가의 2010년대를 보고 있는 것 같다.

하지만, 국내 격투기 단체인 로드 FC 소속으로 있으면서 로드 FC 챔피언 권아솔 선수와의 트래쉬 토크에 매우 곤혹스러워하고, 별의별 수모를 다 당하며 괴로워했던 것을 볼 수 있다.

비록 지금은 전성기가 아니더라도 로드 FC 선수들이 최홍만 선수와 제대로 싸우면 다 죽는다. 인간이 한 살짜리 고릴라와 싸워서 이길 수 없듯이, 단순히 체급과 운동량을 넘어서 유전자의 차이만큼이나 넘을 수 없는 벽이 있는 것이다. 최홍만 선수가 고릴라라는 뜻은 아니다.

전문가들 사이에서는 브라질 국채를 일반적인 고수익(High Yield) 회사채와 비교하기도 한다. 하지만, 브라질은 브라질 정부와 브라질 중앙은행(BCB, Brazil Central Bank)이 있고, 금리를 결정 및 조정하며, 돈을 찍어내고, 채권도 발행하고, 외환을 관리하고, 자국의 공적인 이익을 보호하는 등 지구상 최고 높은 단계의 숙명적인 조직결정체인 국가이다. 국가는 부도 리스크가 있는 기업이나 회사가 아니다. 한편, 국가는 물가 안정과 자본 흐름을 조절한다. 감히 민간 기업이 함부로 할 수 없는 자본의 힘과 권력 그리고 국가로서의 룰(Rules)과 회복력을 지니고 있다.

브라질 국채는 헤알화/원의 환율 하락기에 국가의 디폴트(채무 불이행) 리스크와 환차손의 문제 때문에 일반인들 사이에 너무나도 욕을 많이 먹었다. 이런 이유 때문에 현재 꼴이 말이 아니라서 그렇지, 잠정적으로 일반적인 부도 리스크를 지닌 회사채보다는 수백 배, 아니 수천 배는 안전하다고 볼 수 있다.

채권 중에서도 가장 안전성이 높은 국가가 발행한 국채이며, 채권의 표면이자율이 연 10%로 투자 매력이 아주 높고, 이자소득세도 전액 비과세라서 현재와 같이 과거보다는 크게 약세를 띠고 있는 헤알화/원의 환율 상황에서 따지고 보면 큰 손해가 날 것도 없다. 국채는 금액의 크기에 제한 없이 국가가 100% 보장을 해주기 때문에, 만기에 문제없이 상환 지급이 되고, 회사채에 비하여 안정성과 유동성이 높다.

어쩌다 보니 브라질 국채가 최홍만 선수에 비유가 되었는데, 브라질이라는 국가 체력이 화폐가치가 휴지 조각이 된 베네수엘라나 1990년대의 달러 표시 부채에 의존하던 아르헨티나와 같은 심각한 지경의 부실한 대상이 아니라는 것이다.

글로벌 투자의 개척자 박현주 회장 예하의 미래에셋 그룹에서도 최전방에서 브라질 펀드와 브라질 국채를 국내에 출시할 때도 고질적인 디폴트(채무 불이행) 리스크의 현실 가능성이 있어, 존립 자체에 문제가 되는 국가를 단독으로 개발 펀드 상품이나 출시 상품의 대상에 넣지는 않는다.

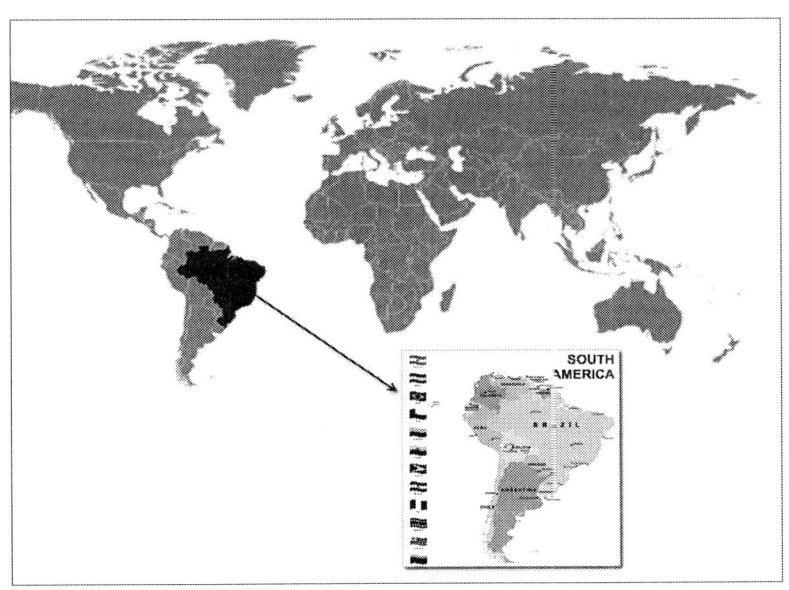

남아메리카(南美) 대륙 국가 중 자원 부국(富國)이자 최대 경제대국인 브라질 〈iM〉

브라질에 대하여 말할 것들이 많이 있지만 기본적으로는 2025년 현재 GDP(국내총생산)가 세계 9위로 11위인 한국보다 더 높고, 인구도 한국의 4배나 되어 튼튼한 내수를 기반으로 경제가 성장하고 있다. 브라질은 세계 5위의 넓은 영토를 지니고 있는데, 이는 한국에 비해 85배나 넓다. 어마어마한 자원이 나올 수 있는 규모의 면적이다. 브라질이라는 국가 자체를 동네북으로 아는 경향이 많은데, 남아메리카 대륙을 지칭하는 남미(南美) 전체에서도 브라질은 가장 큰 경제 규모를 지니고 있어 남미 최대의 경제대국으로 불리고, 세계에서는 아홉 번째로 큰 경제 규모를 가지고 있다. 게다가 브라질은 삼바축구로도 아주 유명한데, FIFA 월드컵에서 5회 우승한 역대 최다 우승국이기도 하다. 월드컵도 그냥 우승하지는 않는다.

한편, 브라질의 채권시장은 브라질을 제외한 중남미(中南美) 전체의 채권시장 규모에 육박하며, 외환 보유액도 중남미 전체의 약 44% 정도로 가장 큰 비중을 차지하고 있다.

예금자 보호 제도보다
안전한 국채

　예금보험공사는 2025년 9월 1일부터 금융기관 파산 시에 원금과 소정의 이자를 합산하여서 한 금융기관마다 1인당 1억 원까지, 예금자를 보호해 준다. 물가가 상승하면서 1인당 5천만 원에서 1억 원으로 한도를 늘려야 한다는 의견이 오래전부터 제기되었다.

　많은 분들이 절대 착각하면 안 되는 것이 예금자보호법은 은행도 언제든지 파산할 수 있다는 전제조건의 선택지에 놓여 있기 때문에 존재하는 것이다. 특히, 고액 현금 자산가의 경우, 고액의 현금을 은행의 정기예금 및 보통예금이나 MMDA 등에 넣어 두면 안 된다. 종합적으로 살펴보면 예적금보다는 국채가 훨씬 더 유리하고 안전하다고 할 수 있다. 크게 보았을 때 은행은 기업이고, 국채는 만기에 도달하면 반드시 국가가 보장하여 원금을 100% 지급하기 때문이다.

　국가가 예금 한도에 관계없이 무제한으로 보호해 주는 우체국 예금도 사실상 마찬가지로 전혀 도움이 되지 않는다. 국가가 무제한으로 보호해 준다는 말만 믿고 우체국 예금에 돈을 넣어 두었다고 가정할 때, 세전으로 이자소득이 2,000만 원이 넘어가게 되면 금융소득 종합과세 대상자에 해당하게 된다. 그렇게 되면 초과 부분에 대하여 다른 소득과 합산하여 세금을 추가로 내야 하거나, 건강보험료가 올라간다. 또한 시간이 지나면 물가상승률로 인하여 화폐가치가 떨어지게 되므로, 10년이 지나도 사실상 원금 정도밖에 되지 않는다. 국가는 결국 조세 징수의 의무가 있다는 것을 잊어선 안 된다.

그래서 오래전 저축은행의 고금리를 쫓아다니던 부류의 고액 현금 자산가들이 부산저축은행 사태를 직간접적으로 겪으면서, 시중은행과 지방은행을 열 곳 정도 골라서 1억씩 분산하여 정기예금에 가입하는 헛똑똑이들이 많아진 것도 사실이다. 아무 의미 없는 행동이다.

어느 고객으로부터 십 몇 억을 1억씩 분산하여 정기예금에 가입한 이야기를 들은 적이 있다. 예금자 보호에만 치중하고 세금은 신경을 쓰지 않은 매우 안타까운 포트폴리오라고 할 수 있다. 물론 만기를 조절하거나 길게 가입하여 일시적으로는 금융소득 종합과세 대상자에 포함이 되지 않도록 할 수는 있지만, 결국 근본적으로 세금과 이자율 및 건강보험료를 감안하면 썩 만족하기 어려운 방법이다.

필자가 이전부터 예금자 보호의 상술에 수많은 금융소비자가 농락당하고 있다는 것을 직간접적으로 알려 주었다. 예금자보호 제도는 개인연금 상품의 보증형 연금과도 아주 판박이라고 할 수 있다. 신흥국 채권의 환헤지(換 hedge)와 비슷하다. 개인연금에서 보증형을 선택하게 되면 최소한의 보증을 해주어야 하므로 연금 수령액도 줄어들게 된다. 연금 수령액이 줄어들면 내가 죽기 전까지 연금 재원의 손익분기점까지 수령하는 데에 더 오래 걸리게 되어 내 돈도 다 못 타 먹고 죽을 수 있는 가능성이 커진다. 이 얼마나 억울한 일인가? 그러기에 '보증형'이라는 말에 속아 넘어가면 안 된다. 매우 안타까운 현실이다.

보증형이 아닌 미보증형 연금을 선택해야 높은 연금 수령액을 기대할 수 있다. 연금 재원을 다 타 먹고도 더 받을 수 있게 되어, 이른바 공짜 좋아하는 여러분이 공짜로 현재 국민연금을 받고 계시는 어르신들의 연령대 분들처럼 조금이라도 더 많은 연금을 받을 수 있게 된다. 보증형으로 선택하지 말고 미보증형으로 선택하라!

즉, 미보증형이지만 오히려 더 보증되는 셈이고, 보증형이지만 오히려 더 보증이 안 되는 셈이다. '반드시 살고자 하면 죽을 것이고, 죽고자 하면 살게 될 것(必生卽死 必死卽生)'이라는 명언과도 매우 일치한다. 다시 말하면 예금자 보호를 믿고 있는 금융소비자들은 아직도 예금자 보호의 원리 자체를 이해하지 못하고 있다.

한 번은 필자가 진행한 소규모 강의에서 연금 최적화의 아홉 번째와 열 번째 주제인 '보증되지 않는 것이 가장 보증되는 것이다'라는 내용을 다룬 적이 있다. 그때 내용을 완벽히 이해하고 나서 개인연금 상품의 보증형과 정기예금의 예금자 보호 제도가 금융소비자들을 완전히 기만하고 있다는 것에 대하여 참석자 전원이 완전히 이해하고 공감했던 적이 있다.

여러분들은 정부나 금융기관에서 은근히 금융소비자 우민화(愚民化) 정책을 사용하고 있다는 사실을 잘 인지하지도 못한다. 대부분의 사람들은 그냥 평균 3년마다 발령이 나서 사라지는 은행직원의 말을 더 신뢰하는 경향이 강하다. 은행이기 때문이다. 연금 최적화 아홉 번째와 열 번째를 꼭 한 번 읽어 보기를 바란다.

극단적으로 표현하자면 이렇다. 정말로 예금자 보호제도를 이용하여 은행 파산 시의 리스크를 분산시킬 요량이라면, 대형 은행을 선택할 필요가 있을까? 어차피 파산하더라도 몇 개월 시간이 걸려서 그렇지, 원금과 소정의 이자를 합산하여 예금자 보호 한도 1억 만큼은 보호되고 고금리를 주는 저축은행 위주로 분산하여 정기예금을 드는 편이 낫지 않겠는가?

굳이 왜 예금자 보호를 1억까지 받으면서 예금자 보호의 필요성이 없거나 상대적으로 떨어지고, 가장 안전도가 높은 은행으로부터 현저히 낮은 금리를 받는 쪽을 선택하는가? 부자들은 아무 의미가 없다는 것을 이미 알고 있다. 일반적인 금융소비자들은 심리적인 안정감을 원하는 맹목적인 결핍이 있다. 1억 원 안으로만 가입한다면 어차피 예금자 보호가 되는데 말이다.

일반적으로 은행보다 후순위에 해당하는 저축은행보다 물리적인 양으로나 구조적으로 안전한 시스템으로 구성된 국내 대형 은행의 예금을 굳이 왜 가입하는가? 원금과 소정의 이자를 포함하여서 한 금융기관 당 1억 원씩 보호가 되고 있는데 말이다. 은행 파산 시 40%는 먼저 지급되고, 나머지도 넉넉히 1년 안에 지급되므로, 은행이 파산해도 사실상 원금에 큰 문제가 일어나지는 않는다. 채권의 만기도 기다리고, 주식의 마이너스도 기다리는데, 7~8개월이 큰 문제가 되지는 않는다.

계속 예금을 유지하고 있다고 가정한다면, 크게 걱정할 거리가 아니다. 원금과 소정의 이자가 같이 지급되니까 말이다. 즉, 대형 시중은행이든 저축은행이든 파산이 일어나도 너무 호들갑 떨 필요가 없다. 그렇다고 저축은행 예금에 가입하라는 의미로 오해하지 않기를 바란다.

하지만 브라질 국채는 브라질 정부가 국회의 의결을 얻어서 국가가 발행한 채권(債券)이다. 채권은 채무증권을 말하는데, 채권은 예금이 아니기 때문에 예금자 보호가 되지는 않지만, 국채는 국가가 보장하고, 기본적으로 정부가 국채의 원리금 전액 지급을 보장하기 때문에 국가가 파산하지 않는 이상, 예금자 보호보다는 더 안전하다고 할 수 있다. 그래서 국가신용 등급이 중요하다고 하는 것이다.

국가가 있어야 중앙은행이 있고, 중앙은행이 있어야 시중 은행과 지방 은행이 있고, 은행이 있어야 예금자 보호도 필요하다. 국가의 시스템은 예대금리를 기본으로 한 일개 은행의 시스템과는 비교할 수 없을 정도로 정교하고 탄탄하다는 것을 이해해야 한다. 국가는 중앙은행보다도 위에 있다.

해외에서도 잘 모르는 사람들은 1997년에 한국이 IMF에 구제요청을 하였기 때문에 한국 채권은 매우 위험하다고 한다. 국내에서도 브라질 국채가 매우 위험하다고 하는 이유와 비슷하다. 대표적으로 브라질은 과거에 경제 위기를 겪으면서도 현재 외환 보유액이 전 세계 평균 약 10위권에 드는 나라로 성장하였다. 한편, 전 세계적으로 가장 안전한 투자처 중의 하나는 미국 채권임을 이미 잘 알고 있을 것이다. 한국 국채도 안전자산에 들어간다.

전지현은 매우 아름답고, 정우성은 매우 잘 생겼다. 전지현은 여자 배우이기에 매우 아름답다고 표현한 것이고, 정우성은 남자 배우이기에 매우 잘 생겼다고 표현한 것이다. 정우성에게 매우 아름답고 예쁘다고 표현한다면, 이것은 그 표현 방식 자체가 맞지 않는 것이다.

마찬가지로 예금자 보호는 대표적으로 '예금'이라는 대상에게 사용하는 용어이지, 국채를 대상으로 사용할 수 있는 적합한 용어가 아님을 적극적으로 이해해야 한다. 국채는 예금이 아니고 국가가 발행한 채무증권이기 때문에 예금자 보호가 되지는 않지만, 신용과 금리에 직접적으로 영향을 받는다. 국가의 존립에 큰 문제가 없다면 예금자 보호보다 안전하고, 금액의 규모와 관계없이 큰 금액도 안전하게 보관할 수 있다.

정기예금보다
월등하게 유리한 이자와 세금

　현금 10억 원을 국내 대형 은행의 연 3.2% 정기예금 상품으로 예치하였을 때, 이자소득은 세전 3,200만 원이 발생한다. 물론 세후 이자소득은 이자소득세 15.4%인 493만 원을 공제한 약 2,707만 원 정도가 된다. 이자소득이 2,000만 원이 훌쩍 넘기 때문에 금융소득 종합과세 대상자에 해당이 된다.

　은행의 예금에서는 세전 이자소득 3,200만 원이 모두 과표(과세표준)에 잡히고, 이자소득세 14%, 이자소득세의 10%인 1.4% 주민세까지 합산하여 15.4%의 이자소득세 493만 원이 미리 공제되므로, 원천징수로 먼저 과세하여 세후 2,707만 원이 지급된다.

　반면에 브라질 국채 10년 만기 표면금리 연 10%의 6개월 지급식 이자가 표시(利票, Interest Coupon)된 채권인, 이른바 이표채(利票債)의 경우 다른 조건의 변동이 없다고 가정할 시에 1년 동안 액면가 10억 원의 표면금리 연 10%에 해당하는 1억 원이 이자로 지급되는데, 6개월 이표채이므로, 6개월마다 약 5천만 원씩 1년에 약 1억 원이 지급된다.

은행의 정기예금일 경우에는 15.4%가 이자소득세로 과세되지만, 브라질 국채는 1991년에 체결된 한국과 브라질의 국제조세협약(DTA)에 의하여 국내인 대한민국에서 브라질 국채를 투자할 때, 이자소득에 대하여 가입 요건이나 금액의 한도와 관계없이 100% 비과세 되어 과세 대상도 아니고 소득세의 신고 납부 의무도 없다. 위의 경우, 브라질 국채의 연간 이자소득은 세후 약 1억 원이 된다. 매우 깔끔하다. 과표에도 전혀 잡히지 않고, 외화 표시 채권 중에서는 오직 브라질 채권만 이자수익이 100% 비과세로 처리된다.

대한민국 & 브라질연방공화국 정부 간의 조세협약 〈세계 법제 정보센터〉

한국과 브라질의 국제조세협약은 기타 신흥국들과는 달리 분명하고 확실하여, 비과세 처리에 대한 애매모호한 논란의 여지가 전혀 없다. 이 조세협약은 매년 자동 연장되고 있다. 이 협약으로 인하여 한국과 브라질의 무역 활동에 원만한 도움을 주고, 자본의 흐름을 활성화하는 역할을 해주기 때문에 큰 이변이 없는 한 비과세는 계속 유지가 될 것으로 본다.

필자도 국내에서 과세 대상이 아니어서 소득세의 신고 납부 의무가 없는 비과세에 관한 논의와 연구를 많이 하였지만, 애매모호하거나 난해한 부분들이 많다. 일반적으로 세금 우대 저축 상품은 가입 요건이 매우 까다롭고, 한도가 아주 작거나 가입이 힘들어 사실상 대한민국에서의 비과세 저축은 유명무실(有名無實)하다고 보는 것이 현실이다.

반면, 브라질 국채는 가입 한도와 자격에 일체의 제한이 없는 대신 20년 만에 오는 이번 사이클을 잘 활용해야 한다. 그것도 2010년대가 아닌 헤알화의 15년 하락 끝에 찾아온 바로 이번 2025년 이후의 사이클이라고 할 수 있다.

게다가, 미국 주식의 양도 차익이 100% 비과세되는 변액연금에 관하여 『나는 연금 최적화로 매월 남들보다 연금을 3배나 더 받는다』에서 소개한 바 있다. 월납 보험료 150만 원에 해당하는 변액연금 상품 5개 정도는 100% 비과세 되고, 부부가 나누어 가입 시 월 300만 원까지도 100% 비과세된다. 국내에서 납세의 의무가 없어 전액 비과세되는 가장 유리한 변액연금 상품은 단 하나뿐이다.

시중에서 연금저축 계좌를 통한 증권사의 연금펀드가 전 국민적인 인기를 끌고 있지만, 아무리 회의를 해 봐도 100% 비과세 되고 연금 수령에 제한도 없는 미국 주식형 변액연금은 전혀 손색이 없이 매우 깔끔하다고 본다. 세액 공제가 되고 과세이연이 되는 연금저축 계좌가 일방적으로 나쁘다는 뜻은 전혀 아니다. 장단점이 상존하고, 개개별로 약이 되거나 독이 된다.

각설하고 브라질 국채의 표면금리는 연 10%에 6개월 지급식이고, 지급된 이자는 한도에 제한 없이 납세의 의무가 종료되어 모두 비과세된다는 점이 정기예금보다 월등하게 유리하다고 볼 수 있다. 현재 이후부터는 현금성 자산을 정기예금으로 너무 국한하지 않았으면 한다.

우리나라 사람들 대부분은 예금에 대한 막연한 고정관념이 있다. 조금만 자세히 들여다보아도 그렇게 유리하지 않고, 생각보다 그렇게 안전한 것도 아니다. 퇴직연금의 DC형 시장에서도 이와 같은 현상은 동일하게 일어나는데, 원금보장형 상품에 연연하는 것과 비슷한 이치이다. 눈에 보이지는 않지만, 물가는 계속 올라가기 때문에 현금성 자산의 실제 가치는 조금씩 조금씩 떨어지고 있음을 이해해야 한다.

이에 아울러 정기예금은 364일도 아닌 정확히 1년 365일을 채워야 연 3.2%에 해당하는 세후 이자가 지급된다. 말 그대로 정기예금의 가장 치명적인 단점이라고 할 수 있다. 하루라도 채우지 못하면 연 3.2%에 해당하는 정상적인 이자를 받을 수 없다. 엄마 뱃속에서 10개월을 꼬박 채워야 하는 인간과도 아주 흡사하다.

하지만, 브라질 국채 6개월 지급식 이표채는 투자 시기마다 차이가 있을 수는 있지만, 만약 이자가 지급되기 직전에 브라질 국채를 투자하였다면, 매수하자마자 10억 원의 연 10%에 해당하는 6개월분인 약 5천만 원이 지급되고, 6개월마다 약 5천만 원이 계속해서 지급된다. 단순하게 이 부분만 놓고 보면 현장에서는 고객 분들의 만족도가 하늘을 찌를 듯이 아주 높은 것이 사실이다.

지난 2025년 7월 1일 이전에 브라질 국채 10년 만기 표면금리 연 10% 6개월 지급식 이표채를 10억 매수한 고객 분은 매수하자마자 연 5%에 해당하는 이자인 약 5천만 원을 지급받았다. 다음 이자 지급일은 2026년 1월 1일이다. 고금리 시절 저축은행의 세전 연 약 6%에 해당하는 이자가 가입하자마자 바로 지급된 꼴이라 할 수 있다. 시작부터 먹고 들어가는 것이다.

이자로 지급된 5천만 원을 그대로 다시 브라질 국채에 투자하고, 6개월 뒤에 지급된 5천만 원을 그대로 다시 또 투자하면 또 이자가 붙기 때문에 이자 수익률을 추가로 더 올릴 수 있게 되어 복리 효과를 볼 수도 있다. 헤알화의 가치가 저평가된 상황에서 브라질 국채에서 지급되는 이자(Coupon)는 재투자하는 것이 가장 효율적이다. 지급된 이자를 사용하는 것도 좋지만, 보유하고 있는 원화(KRW)를 사용하고, 지급된 달러화나 헤알화의 이자는 환전 비용을 줄여서 그대로 재투자를 해 보자.

그래서 월 지급식이나 6개월 지급식 채권의 경우, 먼저 이자를 지급받는 것을 고려하면 이자 수익률이 조금 더 올라가는 것이 반영되어 있다. 만약 계속 재투자를 하게 될 경우, 환율 조건만 같다면 적지 않은 복리 효과도 일어나게 된다. 그래서 이자로 생활하는 것이 아니라면 그대로 재투자를 해 보도록 하자.

예금은 정확히 1년을 채워야 지급이 되는데, 6개월 이표채는 6개월마다 표시된 이자가 지급되고 일부 선지급 되는 효과가 있으므로, 예금과 동일한 비교를 위하여 지급된 이자를 바로 재투자한 것과 같다. 안 그래도 예금보다 더 유리한데, 최소한 6개월 전에 또 이자가 지급되니 훨씬 더 유리하다고 할 수 있다.

따라서 현금 10억 원을 연 3.2% 정기예금에 저축하였더니 세후 약 2,707만 원이 이자로 지급되었고, 금융소득 종합과세 대상자로 바로 올라가게 되어 내년 5월 달이 되면 소득별 개인차가 있을 수 있겠지만, 초과 부분에 대하여 다른 소득들과 합산하여 추가로 더 많은 세금을 내야 할 소지가 크다.

게다가 11월부터는 건강보험료 인상이 적용되어 1년간 내야 하는 건강보험료가 오르게 된다. 건강보험료는 오르기는 쉬워도 내리는 일은 거의 없다. 건강보험료 때문에 심각한 스트레스를 받는 고액 현금 자산가 분들은 꼭 현재 시점 이후의 브라질 국채를 눈여겨보길 바란다. 덩어리 자산을 하나씩 하나씩 과세로부터 탈(脫)중앙화 하여 독립시켜야 한다. 현재 이후의 브라질 국채에 엄청난 비밀이 숨어 있다.

비교를 위하여 현금 10억 원으로 브라질 국채를 매수했다고 가정하자. 그러면 연간 세후 약 1억 750만 원 정도가 이자로 지급되는데, 이자소득세가 100% 비과세라서 과표에 잡히지도 않는다. 그리고 과세 대상이 아니기 때문에, 2,000만 원 이상의 금융소득 초과 부분도 다른 소득들과 합산하여 종합과세가 되지도 않는다. 다른 조건을 제하면 세후 약 11% 정도에 육박하는 이자율이다. 뭐니 뭐니 해도 종합소득세 신고 후 11월에 건강보험료가 인상되지 않는 점이 더 기분이 좋다. 과세 대상에 들어가지 않기 때문이다. 매월 내는 개인 보험료도 얼마 되지 않는데, 건강보험료를 고액 종신 보험료 이상으로 내어 본 사람은 그 기분을 이해할 것이다. 어떻게 보면 비과세보다 장점일지도 모른다.

따라서 현재 시점 이후의 브라질 국채는 금리와 세금뿐만 아니라, 가장 중요한 안정성 및 모든 측면에서 은행의 정기예금보다 월등히 유리하다. 이것은 이중과세 방지 및 투자 촉진을 목적으로 하는 한국과 브라질 간의 조세협약이 제공하는 엄청나게 큰 혜택이 아닐 수 없다. 현재까지도 이 조약은 유지 중이며, 브라질 국채 이자소득은 한국 내 비과세 혜택이 적용된다.

정기예금은 10년을 해도, 15.4%의 이자소득세와 기준 초과 시 발생하는 종합소득세나 추가적인 건강보험료 부과 금액, 그리고 눈에 보이지 않는 물가상승률로 인한 화폐가치 하락까지 더해져서 거의 제자리에 머물게 된다. 굳이 정기예금을 할 필요가 있겠는가? 앞으로는 국내 예금을 잊고, 은행에 묶어 둘 돈을 브라질 국채로 돌려보도록 하자. 아주 좋은 기회가 될 것이다.

10억 초과
법인 예금계좌 10만 개 시대

최근 잔액이 10억 원 초과한 법인의 예금 계좌가 처음으로 10만 개가 넘었다고 한다. 2025년 8월 7일 기준 모네타의 최고 예금금리는 3.5% 정도로 확인된다.

본격적인 금리 인하 사이클로 접어들면서 시장금리 추가 하락을 예상한 기업들이 뭉칫돈을 은행에 맡긴 결과로 분석된다고 한다.

10억 초과 법인 예금 10만 개 시대 〈세계일보〉

예를 들어 10억이라는 법인 자금으로 매년 1억 정도를 사용한다고 보았을 때 현 시점 이후의 브라질 국채에서는 매년 1억 정도의 이자가 10년 동안 지급되므로, 이자로만 사용해도 만기 시에는 원금을 그대로 다시 돌려받을 수 있다. 정부 지원자금도 받기 힘든 마당에, 브라질 국채에서 나오는 불로소득인 매년 10%의 이자를 기업의 운영자금으로 사용해 보자.

기업도 이런 정보를 잘 활용하면, 본업 부분에서 자금의 힘을 받아 결국 진가를 발휘하게 되고, 한층 더 여유로운 기업으로 거듭날 수 있다. 실제로 그렇다. 기업이 부진할 때는 총알이 받쳐 주어야 한다. 보통은 은행에 예치된 기업의 예금이 필요할 때마다 인출되어 결국에는 시간이 지나면 대부분 사용되는 것과 비교한다면, 여간 큰 이점이 아닐 수 없다. 매년 다 쓰고도 만기에 원금 이상이 남아 있으니까 말이다. 한 마디로 황금알을 낳는 거위다.

기업, 즉 법인은 개인과는 달라서 이자소득, 자본수익, 환차익의 트리플 비과세는 되지 않고, 이자소득만 비과세되고 자본수익과 환차익은 과세가 된다. 사실상 이와 같은 이자수익이 주된 목적일 경우 자본수익은 안 나도 되고, 환차익은 본전만 되어도 된다. 이자소득만 보더라도 매년 1억은 세후로 들어오는 것이다. 이 자금을 계획적으로 사용한다면, 만기의 원금은 보너스다.

반면에 개인이 10억을 예금할 경우, 금융소득 종합과세 대상자에 올라가게 되어 종합과세율 적용을 받는다. 하지만 법인은 종합과세가 없기 때문에 과세표준 2억 이하는 10%, 2억 이상은 20~25%에 해당하는 법인세 적용을 받는다. 이제야말로 법인도 브라질 국채를 활용하여 이자는 이자대로 받고 만기 때 상환되어 지급되는 원금은 은행과 겨룰 만하니 매우 유리하지 않을 수가 없다. 법인도 좋은 투자 기회를 맞이할 때가 왔다.

앞으로 자세히 설명하겠지만, 지금은 2010년대가 아니라 헤알화의 가치가 밑바닥에 있는 준(準) 바닥권인 2025년이다. 사례는 가장 극단적인 시점에 평가를 한 기사로 보인다. 헤알화/원의 환율이 하락 추세를 타고 있을 때 매수를 하면 그 결과는 불 보듯 뻔하다. 매우 무식한 일이 아닐 수 없다.

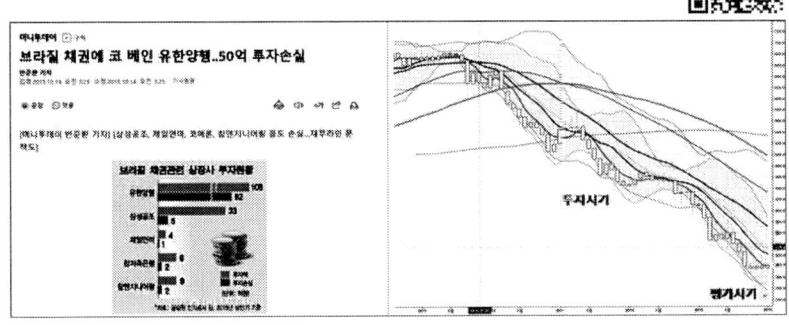

2010~2014년의 헤알화/원 급하락 시기에 투자한 법인들 〈머니투데이〉

이 책은 한나절이면 다 읽을 수 있다. 반드시 끝까지 정독해 보도록 하자. 현재 시점에서는 저렇게 되기가 왜 힘든지를 제대로 이해하기 바란다. 현재 이후의 브라질 국채는 바람과 파도와 구름을 어떻게 만났는지 살펴보도록 하자.

2부

브라질 국채의 비밀 코드

전 세계에서 가장 매력적인 국채!

트리플 비과세의
파도를 타라

대한민국 국적에 해당되고, 법인이 아닌 국내 개인 투자자가 브라질 국채를 매수하면 비과세의 삼위일체(三位一體)가 완성된다. 약 20년 만에 오는 매우 드문 기회다. 이른바 '트리플 비과세'라고도 한다. 영화 '빠삐용'에서도 험한 바위 절벽에서 뛰어내려 일곱 번째 진짜 파도를 탄 후에야 조류를 타고 비로소 탈출할 수 있었듯이, 브라질 국채에 투자할 때는 가짜가 아닌 진짜 파도를 제대로 타는 것이 매우 중요하다.

일곱 번째 진짜 파도를 타고 탈출에 성공하는 빠삐용 〈영화 '빠삐용' 중 탈출 장면〉

이번 흐름은 그토록 말도 많고 탈도 많던 말만 트리플 비과세가 아니라, 진짜 트리플 비과세 혜택을 누릴 수 있는 진짜 파도에 해당된다. 일곱 번째 파도인 것이다. 여러분은 한국인이자 개인 투자자가 아니던가? 과거가 아닌 현재 이후의 브라질 국채는 절세 상품으로 손색이 없을 것으로 예상된다.

첫 번째는 브라질 국채 표면금리 연 10% 6개월 이표채에서 6개월마다 지급되는 이자가 100% 비과세되어, 금융소득 종합과세 대상자에 올라가지 않는다. 우선, 다른 부분의 비과세 혜택이 아니라 하더라도, 이자소득세 15.4%의 원천적인 공제 없이 깔끔하게 비과세되어 이자가 지급된다는 점은 아주 큰 매력 포인트이다.

배당받을 때마다 느끼는 것이지만, 15.4%는 은근히 크게 느껴지기 때문이다. 브라질 국채의 표면이율이 10%로 매우 높으므로 이자율에 대한 만족도는 아주 높다. 즉, 환율만 떨어지지 않는다면 문제 될 것이 없다.

외화 표시 채권 중에 이자수익이 비과세로 처리되어 과세 대상이 아닌 채권은 전 세계에서 브라질밖에 없다. 그래서 브라질 국채는 과거에 많은 자산가들로부터 과한 사랑을 받아 왔다.

하지만 문제는 2016년 1년 동안의 잠깐을 제외하고 대부분은 가짜 파도였다는 것이다. 물론 2016년에도 헤알화/원의 환율의 큰 흐름은 하락 추세였기 때문에 진짜 파도는 아니었다. 큰 하락세 중에 반짝

반등한 데드캣 바운스에 해당된다.

비과세로 지급된 이자를 재투자할 경우 복리 효과도 발생한다. 현재 국내 투자자의 외화 표시 채권 보유 비중이 58%를 넘는 미국 국채도 이자를 수령할 때는 이자소득이 과세된다. 오직 브라질만이 비과세에 해당한다.

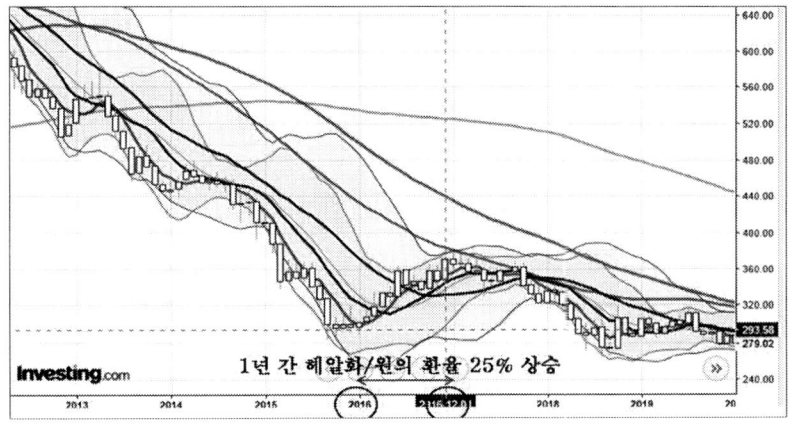

10년 동안의 하락 추세 중 2016년에만 잠시 상승했음 〈긴베스팅닷컴〉

두 번째는 국내의 소득세법상 개인 투자자의 채권 매매로 인하여 발생하는 자본수익(Capital Gains)은 과세 대상 소득으로 간주하지 않기 때문에 100% 비과세가 된다. 이는 주식 및 주식형 펀드 등의 매매차익으로 인한 자본수익이 비과세되는 것과 같은 이치다. 현재와 같이 고금리 기조의 시즌에는 채권의 가격이 상대적으로 떨어져 있기 때문에, 할인된 발행 효과가 일어나 매입한 액권 수량이 늘어나게 된다. 고금리 기조는 반드시 정점을 찍고, 금리 인하기에 들어가게 되면 채권 가격은 다시 상승하게 되어 있다. 금리 인하기에 장기채는 단기채보다 더 많이 상승하는 경향이 있다. 이때 만기와 관계없이 중도에 매도하면 금액의 크기에 제한이 없이 100% 비과세로 매매차익이 발생한다.

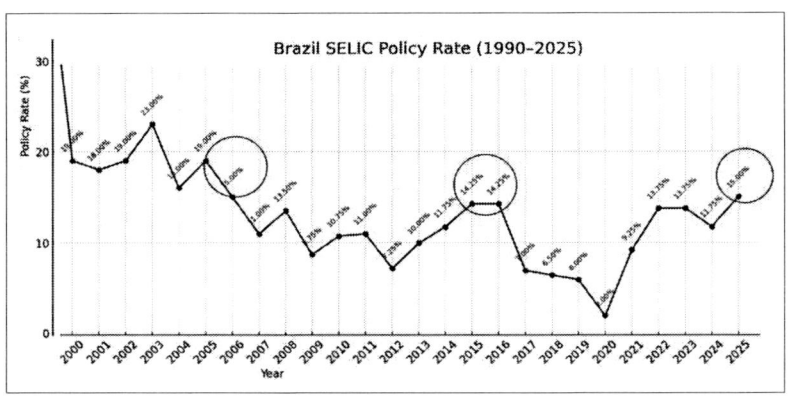

브라질의 기준(정책)금리 〈Bloomberg〉

2025년 브라질의 기준금리는 15%로, 2006년 7월의 15.25% 이후 19년 만에 최고치에 달할 뿐만 아니라, 2026년 정도가 되어야 금리 인하가 시작될 수 있다. 즉, 이제 브라질 국채의 가격은 상승할 일만 남았다고 보는 것이 확률적으로도 높다. 그래서 현재 이자소득의 비과세 혜택뿐만 아니라, 비과세 매매차익까지도 덤으로 얻을 수 있는 매우 유리한 상황이라 할 수 있다.

세 번째는 국내에서 브라질 국채에 투자하는 개인 투자자가 중도에 이익 실현을 하거나 만기가 도래하였을 때 환율의 변동으로 인하여 발생하는 외화 자산의 환차익(換差益)에 대하여는 소득으로 보지 않기 때문에 100% 비과세 혜택을 볼 수 있다.

 헤알화/원의 환율이 10년에 걸쳐서 끝도 없이 하락하여 700원대 언저리에서 200원대로 1/3토막이 난 후 역사적 저점에 도달하였으며, 5년간 주춤하여 횡보하는 준(準) 바닥권의 상태에 있다. 브라질 국채를 투자하는 데 있어서 지금이야말로 20~30년 만에 오는 진짜 파도에 올라탈 기회라고 할 수 있다.

 즉, '하이리스크 하이리턴'이 아니라, 한 세대에 한 번 있을까 말까 하는 '로우리스크 하이리턴'이라고도 할 수 있는 투자의 기회가 비로소 열린 것이다. 지구의 모든 국가들 사이에서는 서로 외환의 영향을 주고받는데, 헤알화/원의 환율은 장기간의 하락 추세가 끝이 나고 새로운 도약을 준비하고 있는 꽃샘추위의 시기와도 흡사하다는 말이 정확할 것이다.

 이 외에도 앞서 투자 금액에 대한 토빈세(Tobin tax, 국제 투기자본의 단기 외환 거래에 부과하는 세금)도 완벽히 폐지되어 100% 비과세 된다. 그래서 필자가 15년 전의 2010년대가 아닌 15년이 지난 이제야 공식적으로 입을 열었다고 하는 것이다.

국가	브라질 국채		미국 국채		한국 국채	
구분	개인투자자	법인투자자	개인투자자	법인투자자	개인투자자	법인투자자
이자수익	비과세	비과세	과세	과세	과세	과세
자본수익	비과세	과세	비과세	과세	비과세	과세
환 차익	비과세	과세	비과세	과세	비과세	과세
토빈세	비과세	비과세	비과세	비과세	비과세	비과세

국가별 개인 및 법인 투자자 간 항목별 비과세 여부 〈한국은행〉

트리플 비과세도 중요하지만, 결론적으로 헤알화/원의 환율이 바닥권이라, 환율 변동으로 인한 위험성이 크게 떨어지기 때문이다. 그래야 높은 이자율 덕도 볼 수 있다. 그래서 현금성 자산이 많은 사람들은 국내에서 할 것이 없다고 불평불만을 하지 말고, 반드시 이번 파도의 브라질 국채에서 돈 냄새의 촉수를 세워야 한다. 이제는 브라질 국채가 잠깐이 아니라, 장기간 꾸준히 빠삐용이 탔던 파도처럼 진짜 파도를 탈 차례가 왔다.

사실상 전 세계에서
가장 높은 실질금리

2025년 브라질의 기준(정책)금리는 연 15%에 해당된다. 하지만, 이 명목금리에서 물가상승률(Inflation)을 빼면 실질금리를 알 수 있다. 브라질의 실질금리는 연 9.7%로, 연 14.5%인 러시아 다음으로 전 세계 2위에 해당되어 신흥국 내에서도 고(高) 실질금리이므로 매우 매력적이고 실투자 이익도 크다.

브라질은 물가상승률 또한 꽤 높은 편이지만, 고물가의 정점을 찍고 향후의 물가 부담은 점차 완화될 전망이다. 2026년 브라질의 물가 상승률은 둔화세를 보일 것으로 전망되며, 금리 동결 기조가 예상된다. 따라서 브라질 국채를 매수하는 데는 매우 우호적인 환경이 조성되고 있다. 이후에 금리 인하의 흐름으로 갈 것이 확실시되면서, 할인

순위	국가	정책금리	실질금리
1	러시아	18.00%	14.50%
2	**브라질**	**15.00%**	**9.70%**
3	멕시코	9.50%	5.30%
4	남아프리카공화국	7.50%	3.60%
5	인도네시아	5.75%	3.50%
6	미국	4.33%	약 1.50%
7	인도네시아	5.75%	약 1.50%
8	호주	4.10%	약 1.50%
9	프랑스	2.90%	1.20%
10	이탈리아	2.90%	0.80%
11	중국	2.65%	0.80%
12	한국	2.75%	0.50%
13	영국	4.50%	0.50%
14	독일	2.90%	0.50%
15	캐나다	3.00%	0.50%
16	일본	-0.10%	-2.10%
17	아르헨티나	29.00%	-14.50%
18	베네수엘라	59.23%	-180.00%

주요국 실질금리 비교 〈한국은행〉

되었던 브라질 국채의 가격이 상승으로 이어지기 때문이기도 하다. 여기서 발생한 자본차익(Capital Gains)은 금액에 관계없이 무제한으로 전액 비과세라는 점도 큰 장점이라 할 수 있다.

한편, 러시아의 실질금리는 전 세계에서 가장 높은 것은 사실이지만, 전쟁 중이다. 하지만, 브라질은 전쟁 가능성이 거의 없다고도 볼 수 있기 때문에 안전한 투자 가능 대상 중에서는 사실상 전 세계에서 실질금리가 가장 높다고 할 수 있다. 명목금리는 빈껍데기라고도 할 수 있기 때문에, 고(高) 실질금리는 실질적으로 가장 큰 이익을 안겨다 준다.

브라질은 정책금리인 기준금리가 15%에 달하는 고금리인 상황에서도 높은 물가상승률에 대한 우려가 있었지만, 매우 견고한 내수를 기반으로 경제가 지속적으로 완만하게 성장 중이다. 이러한 경제성장은 국가의 신용등급에 긍정적으로 작용하여 격상될 수 있었다.

화폐를 지불하고 실제로 살 수 있는 상품과 서비스의 양을 '구매력'이라고 하는데, 실질금리는 투자자가 실제로 얻을 수 있는 구매력 이득을 가늠할 수 있는 아주 중요한 수치라 할 수 있다. 물가상승(Inflation)으로 인하여 채권에서 발생하는 이자 수입의 실질 가치가 떨어지면 인플레이션 위험에 처하여 구매력이 감소할 수 있다. 하지만, 브라질 국채의 경우 실질금리가 사실상 세계에서 1위이기 때문에 국내 투자자에게는 매우 유리한 편이다. 즉, 헤알화의 환율이 가장 큰 관건이다. 일반적으로 물가상승률이 매우 높을 때는 확정금리

지급채권보다 금리연동부 이자 지급채권이 유리하다.

 실질금리가 높으면, 브라질 국채처럼 그로부터 발생하는 실질적인 투자 이익이 크다는 것을 의미한다. 반대로 실질금리가 낮으면, 우리나라처럼 투자 이익이 미미하거나 인도네시아처럼 기준금리가 높더라도 물가상승률이 커서 실질적인 투자 이익이 낮다는 것을 의미한다.

 한편, 베네수엘라와 아르헨티나와 같이 실질금리가 마이너스일 때 기준금리를 많이 높여도 물가상승률은 기형적으로 훨씬 더 높으므로 실질금리는 마이너스가 된다. 베네수엘라는 물가상승률이 너무 높아 화폐의 가치가 휴지 조각 수준으로 전락하였다. 브라질을 베네수엘라 정도로 심각하게 보는 사람들이 있는데, 이는 매우 잘못된 생각이다.
 베네수엘라와 브라질은 경제와 정책적인 측면에서 완전히 대립되는 국가이다. 브라질은 화폐 단위를 축소한 헤알화를 도입하고부터 경제가 안정되기 시작하였기 때문에 성공한 사례이다. 하지만 베네수엘라는 무리한 통화 발행 정책으로 화폐 가치가 휴지 조각이 되었기 때문에 실패한 사례라 할 수 있다. 그래서 시장의 흐름을 역행하면 안 된다. 자본주의 시장에서는 시장의 흐름에 순응해야 한다.

 그동안 브라질의 헤알화는 외부의 충격으로부터 높은 변동성을 지니고 있었다. 하지만, 15년이 지났고, 준(準) 바닥권에 위치하고 있는 헤알화와 연 10%에 육박하는 실질금리는 일부의 환율 변동 위험을 완화할 수 있을 정도로 큰 기대수익을 제공하고 있고, 인플레이션 헤지 효과도 매우 크게 기여한 것이 사실이다.

브라질의 실질금리는 전 세계뿐만 아니라, 중남미 국가들 중에서도 월등히 높아 외국 자본의 유입을 크게 증가시켰다. 한편, 중남미 국가들의 물가상승률은 연 평균 3.7%로 비교적 높은 편이다.

이처럼 브라질의 실질금리가 세계 최고 수준에 육박하기 때문에, 저금리로 자금을 조달하는 선진국의 투자자들은 캐리 트레이드(Carry Trade)를 통하여 대규모로 브라질 시장에 자금을 유입시키고 있다. 그 결과 헤알화의 가치는 조금씩 올라가게 되고 강세를 띠게 된다. 또한 미국과 브라질 간의 기준금리 격차가 확대되면서, 브라질의 높은 기준금리가 헤알화의 안정세를 견고히 할 것으로 전망된다.

현재 통화거래세 0%,
이보다 더 완벽한 시점은 없다!

　현재 대부분의 전문가들도 국제 투기자본을 막는 토빈세 자체를 심각하게 생각하지는 않는다. 브라질 국채는 과거 높은 금리 덕분에 주목을 받아 다른 해외채권에 비하여 투자 수요가 많았다. 하지만 최초 거래 시 6%의 토빈세가 부과되는 탓에 일반 투자자들이 부담 없이 투자하기에는 썩 마음이 편치 못한 부분이 있었다. 당시의 브라질 국채는 이른바 돈 좀 있다고 하는 사람들의 투자 대상물이었다.

통화거래세를 도입시킨 제임스 토빈(James Tobin)
〈나무위키〉

　토빈세는 단기적이고 투기적인 국제 자본(Hot money)의 이동을 사전에 차단하거나 억제하려는 목적을 두어 시장의 안정성을 확보하자는 차원에서 도입된 제도다. 예일대 교수이자 노벨 경제학상을 수상한 경제학자 토빈(Tobin)이 단기성 외환 거래에 세금을 부과해야 한다고 주장하여, 브라질, 벨기에 등의 국가에서 시행되었다. 토빈세(Tobin 稅)를 '통화거래세(通貨去來稅 : Currency Transaction Tax)'라고도 한다.

하지만 브라질은 2009년 10월 도입한 이후, 외국인 채권 투자를 위한 헤알화로 환전 시에 부과해 왔던 6% 정률의 통화거래세(토빈세)를 폐지하여, 2013년 6월 폐지했다. 이는 시장의 유동성을 확보하고, 헤알화의 가치 하락을 방어하려는 조치였다.

토빈세를 폐지하였음에도 불구하고, 헤알화의 가치가 10년간 하락할 수밖에 없었던 이유는 글로벌 환율 구조상 시스템적으로 헤알화의 가치가 하락할 수밖에 없었기 때문이다. 그래서 대세 상승장에서의 주가지수는 악재가 터져도 결국은 올라가고, 대세 하락장에서의 주가지수는 호재가 터져도 결국은 떨어진다. 금융 자본주의 시스템의 적용을 받는 통화 간의 환율도 마찬가지다. 토빈세 6%는 오피스텔 취득세 4.6%보다 높다. 한편, 오피스텔은 절대 사면 안 된다.

약 15년간의 헤알화 가치 하락 이후의 현 시점에서 비과세를 전제로 한 브라질 국채를 거래하는 데, 토빈세가 0%라는 점도 아주 유리한 이점이라 할 수 있다. 막상 6%가 있으면 부담이 되기 때문이다.

하지만 IMF 외환위기와 미국발 금융위기를 겪은 한국을 포함한 세계 주요 국가들은 투기자본을 억제하기 위하여 전 세계 모든 금융거래에 토빈세를 도입하는 방안에 찬성하고 있다는 점도 알아 둘 필요가 있다. 언제 부활할지 모르는 일이다.

채권을 보유하고 거래할 때는 브라질 국채뿐만 아니라, 미국이나 한국 국채로 이자수익(Coupon)을 받다가도 금리 인하기에 채권 가격이 급등하면, 매도하여 채권의 자본 차익(Capital Gains)도 챙기고 다른 채권을 또 매수해야하는 일들도 빈번히 생기게 된다. 채권 투자에 있어 또 하나의 희소식은 바로 '금리 인하'라고 할 수 있다. 채권 가격은 금리와 역의 관계이다. 그래서 금리 인하가 중요하다.

사람들은 눈에 보이지 않거나 당연한 부분은 소중하다는 것을 망각하거나 잊게 된다. 토빈세가 바로 그러하다. 현재 토빈세가 없다고 하여 당연한 것이 아니라, 토빈세가 있을 때는 일반 투자자들 입장에서도 아무리 이자수익이 높다고 하지만, 토빈세 6%는 시작부터 6%를 깎고 시작하므로, 아주 불편하고 은근히 거슬리는 존재였기 때문이다. 공기가 없어야 비로소 공기의 소중함을 알게 되는 것과 마찬가지다. 현재 개인 투자자가 투자할 경우로만 따져 보았을 때, 토빈세가 없다는 점은 매우 감사할 일이다.

브라질 국채를 새로 매수할 때마다 부과되던 토빈세 6%는 투자자들에게 적지 않은 부담으로 작용했다. 그러나 현재는 토빈세가 폐지되었기 때문에 브라질 국채에 투자하기에는 아주 좋은 시장 환경이 조성되었다고 볼 수 있다.

하지만, 2028년에는 금융시장 안정을 위하여 토빈세 논의가 재점화될 예정이고, 토빈세 관련 법안이 국회에 제출된 상태이므로 간단하게 결정될 사항이 아닌 것은 확실하다. 하지만 결과가 어떻든 간에 현재와 같이 헤알화의 가치가 준(準) 바닥권에 있는 황금기에 헤알화와 밀접한 연관이 있는 토빈세가 0%인 브라질 국채를 포트폴리오에 포함시킬 필요성은 아주 크다고 볼 수 있다. 심리적인 부담이 줄어든 것은 분명 좋은 일이다.

사실상 전쟁 가능성이 거의 없는 나라

남아메리카(南美) 대부분의 국가들은 스페인어를 사용하는데, 브라질은 15세기 강대국이었던 포르투갈에 의해 식민 지배를 받았기 때문에 포르투갈어를 사용한다. 사람들의 얼굴을 자세히 들여다보면 생각보다 인물이 좋고, 브라질을 상징하는 삼바 춤과 음악이 전 세계적으로 유명하다.

길거리에서 신나는 삼바 음악이 나오면 가던 길을 멈추고 남녀가 거리낌 없이 함께 춤을 추며 인생을 즐기는 광경을 어렵지 않게 찾아볼 수 있는데, 체면치레를 하는 우리나라와는 자못 큰 차이를 느낄 수 있다. 길거리에는 다른 남미 국가들과는 다른 흑인들이 선글라스를 끼고 옷을 벗고 다니는 자유분방한 모습이 흔하다.

전통적으로 남아메리카(南美)에서는 국가 간의 전쟁이 매우 드문 지역이다. 브라질이 포르투갈로부터 독립 선언을 할 때도 비교적 평화롭게 독립을 이룰 수 있었다. 러시아와 우크라이나 또는 이스라

엘, 이란과 같은 초국가적 규모의 전쟁에 휘말릴 우려는 거의 없다고 보면 된다. 그래서 지정학(地政學)적으로 전쟁 가능성이 있는 국가를 제외하고, 실질금리가 9.7%로 전 세계에서 1위에 해당되고, 사실상 전쟁 가능성이 거의 없다고 봐도 무방하다.

최근 브라질은 베네수엘라와의 국경 문제로 인하여 병력 및 장비를 배치하여 강화하는 조치를 한 적이 있다. 이는 근본적으로 공격보다는 영토를 보호하고 잠재적인 위협을 억제하는 차원에서 이루어진 기본적인 대응이라 할 수 있다.

이 외에도 범죄 조직의 세력 간 충돌이 잊을 만하면 발생하는데, 이는 사실상 비 국제적 무력 충돌 수준의 지속적인 폭력 사태 정도로 해석할 수 있고, 국가 간의 전쟁과는 구별되는 내전 또는 범죄 충돌 정도로 볼 수 있다. 그래서 외부 국가 간의 전쟁 가능성은 매우 낮다.

전쟁 가능성을 언급하는 이유는 러시아처럼 실질금리가 14.5%에 달하는 높은 수준이더라도 예상치 못한 전쟁의 발발로 인하여 국채의 이자를 지급하지 못하고, 국채 이자 지급이 중단되고, 거래를 할 수 없는 상황이 발생할 수도 있기 때문이다. 러시아는 우크라이나 전쟁으로 인하여 104년 만에 국채 이자를 지급하지 못하여 채무불이행(Default) 상태에 빠지게 되었다.

이에 반해 브라질은 실질금리가 9.7%로 세계 최고 수준이며, 지정학(地政學)적으로도 비교적 평화로운 상태를 유지하고 있다. 즉, 애초에 전쟁 가능성이 아예 없다고도 할 수 있는 국가를 투자 대상으로 하기 위함이다. 역사적 최저가를 찍은 헤알화/원의 환율은 준(準) 바닥권인 250원대를 기점으로 하여 앞으로 우상향의 삼바 춤을 출 준비를 하고 있다.

전 세계 국채 중에서
가장 매력적인 투자처

　국내의 투자자들은 열에 아홉이 아니라, 실제로 백에 구십팔은 미국 채권으로 투자가 집중되어 있다. 브라질 중앙은행(BCB)은 지속적으로 금리를 인상하여, 현재 브라질의 기준금리는 연 15%에 이른다. 금리 인상은 국채 금리에 이미 반영되었으며, 앞으로 대세적인 금리 인하가 반영되면 채권 가격의 본격적인 상승으로 이어지게 된다.

　브라질 국채는 고금리라는 이점뿐만 아니라, 이자소득, 자본차익, 환차익에 해당하는 트리플 비과세의 혜택을 받고 있다. 여기에 앞으로 안정적인 지급 능력까지 보장되는 상황까지 겹치게 되니 외국인 투자자 입장에서도 어디 하나 나무랄 데가 없는 것이다. 자본은 금리가 낮은 곳에서 높은 곳으로 이동한다.

　브라질 국채 투자와 관련해서 핵심적으로 가장 중요한 두 가지 포인트가 있다. 첫 번째는 중장기 투자를 하였을 때 표면금리 연 10%에 해당되는 높은 금리를 비과세로 가져갈 수 있고, 만기 또는 중도에 가져가게 될 액면 수량에 해당하는 금액이 환차손을 입게 될 확률은 시간이 지날수록 점점 멀어지게 된다는 것이다. 헤알화/원의 환율이 하락 추세를 이탈하여 횡보하고 있는 준(準) 바닥권이기 때문이다.

두 번째는 브라질 국채라는 이 존재에 대한 말도 많고 탈도 많았던 신용리스크가 점차 줄어들거나, 결국은 거의 사라질 것으로 보인다. 물론 아직 한참 남았겠지만, 그때야말로 정작 늦어 버린다. 그때가 되면 기회는 떠나 버리고 만다.

앞으로도 국내 개인 투자자들에게 있어, 외화표시채권 보관 잔고의 거의 대부분을 차지하고 있는 미국 국채는 변함없이 절대 불변의 우월한 입지를 유지하겠지만, 브라질 국채라는 팔방미인이 다시 새롭게 떠오르고 있다. 과거에는 가짜 파도였다면, 이번에는 우상향의 진짜 파도가 틀림없다. 브라질 국채를 포트폴리오에 탑재하여, 안정적인 현금 흐름과 이상적인 투자원금의 증식 효과를 볼 수 있는 진짜 파도를 탈 수 있도록 해보자. 브라질 국채의 시장 규모나 점유율, 비중 등이 분명 크게 넓어질 것이다.

사실상 환헤지가 필요 없다

금융 회사는 금융상품을 개발할 때도 어쩔 수 없이 금융 소비자를 대상으로 금융의 우민화(愚民化) 정책을 교묘하게 쓸 수밖에 없거나, 합법적인 기만행위를 하거나, 책임을 지지 않도록 완벽한 시스템을 구축하고 장치한다. 이처럼 예민한 부분들을 기가 막히게 설명해 주면 그 부분을 잘 활용하면 된다.

연금 최적화에서도 보증이 되는 연금상품보다 보증이 되지 않는 연금상품이 사실은 훨씬 더 안전하면서도 유리하다고 하였다. 계속 보증에 연연해함으로써 수익이 나지 않고, 원금에만 집착하게 되는 구조이고, 연금 수령액조차도 현저히 떨어지게 된다.

예금자 보호 1억 시대에서도 은행의 도산이나 파산 시에 일부는 유사시에 은행으로부터 우선 돌려받을 수 있고, 나머지는 결국 1년 안에 예금보험공사로부터 원금과 소정의 이자를 합산하여 1억 원 이내로 보상받게 된다.

그래서 1억씩 나누어 안전한 1금융권 은행에만 정기예금을 들어야 한다고 많이 알려져 있는데, 파산 가능성이 조금이라도 더 떨어지는 은행에 넣어 두고 더 낮은 금리를 받으며 심리적 위안을 받는 셈이다. 저축은행의 고금리 정기예금에 넣어 두라는 말이 아니다. 저축은행의 고금리 정기예금은 고금리 부실 회사채보다는 유리하며, 훨씬 더 안전하다고 할 수도 있다. 그래도 예금자 보호가 되어 파산 시 1년 안에는 지급되기 때문이다.

브라질 국채에 투자할 때 최종적으로 성패를 좌우하는 것은 다름 아닌 헤알화/원 환율의 등락이 바로 핵심 관건이다. 과거에도 브라질 국채는 환헤지가 되지 않아 변동성이 큰 헤알화/원의 환차손에 그대로 노출되었다. 환헤지는 국외 통화를 이용한 거래에서 환율 변동으로 인하여 발생할 수 있는 위험을 회피하기 위해 환율을 미리 고정해 두는 거래 방식이다. 하지만, 상품 구조 내로 들어가 보면 세상에는 공짜가 없다는 말을 실감케 한다. 그래서 결국 달러 외 통화를 사용하는 국가에 투자하는 경우 환헤지 비용이 많이 들어서 일반적으로 잘 활용되지 않는다. 실제로 대부분의 경우 환헤지가 완벽히 다 되는 것도 아니고, 된다고 하더라도 이익 발생 시 수익률에서 공제하도록 하며, 손해 발생 시에는 마이너스 수익률을 조금이라도 줄여주는 정도라서 현실성이 매우 떨어진다. 즉, 환헤지가 거의 안 된다고 보면 된다.

그래서 브라질 국채나 펀드 등과 같은 해외 투자자산에 투자할 때는 환헤지도 중요하지만, 이러한 환헤지는 하락만을 위한, 수습 차원에서의 기능조차 하지 못한다. 그래서 환헤지도 제대로 알아야 한다. 일반적으로 환헤지 상품은 환율 변동, 즉 그 중에서도 환율 하락에 대비하기 위해 개발된다. 이미 환율이 고평가되었거나 각국 간의 환율 관계에서 2010년도와 같이 헤알화/원의 환율이 떨어질 일만 남았다는 뜻이다. 강대국의 기축통화인 1달러에 감히 신흥국이 1.8헤알 정도로 맞먹었기 때문이다.

모든 것은 다 수수료나 판매 차익 등을 보고 상품이 개발되는 것이지 그냥 되는 것이 아니다. 그러므로 그 당시에는 환헤지가 안 되어도 문제이고 되어도 문제였다. 다 때가 있는 법이다. 하지만, 지금은 환헤지가 굳이 필요없다.

반면에, 어쩔 수 없이 거론해야 할 필자의 도서『배당투자 최적화 더 파이어』에서 배당투자 포트폴리오의 한 구성이라 할 수 있는 브라질 국채 부분에 관한 내용이 작년부터 현재의 시국과 정확히 맞아떨어지기 때문에, 브라질 국채에 대한 단독 기획으로 분리하여 독립적인 책으로 집필하게 되었다.

부디 미국 주식의 배당주가 마냥 좋거나 실속이 있는 것만이 아님을 이해해야 한다. 예로부터 소문난 잔치에는 먹을 것이 없다고 하였다.

물론 집필 과정에서, 확인해 보니 브라질 국채에 관한 제대로 된 투자 지침서나 활용서 또한 한 권도 없었다. 물론 이유가 있겠지만,

필자에게 있어서는 제대로 한 번은 짚고 넘어가야 할 필요성이 있었다. 해외도 마찬가지다.

브라질 국채 전문 서적의 부재 〈교보문고 & 네이버〉

Mid Forex BRL/KRW 장기환율전망에서도 헤알화/원 환율은 중장기적으로 꾸준히 우상향할 수밖에 없는 상황으로 예측하고 있다. 다만 한편으로는 꾸준히 우상향해도 급격히 700원대를 돌파하기 보다는 단순히 긴 시간 동안 꾸준히 완만하게 우상향하여 450원대를 향하여 전진할 수밖에 없다는 것이다. 즉, 현재는 과거와 같이 급격한 환율 변동에 의한 환차손을 입기 힘든 때를 만났다고 볼 수 있다. 즉, 진짜 파도인 것이다.

이에 더해, 단순한 예측이 아니라 전반적인 시장 상황과 지표들이 이러한 판단을 뒷받침하고 있다. 제자리만 지켜 주어도 감지덕지(感

之德之)인데 준(準) 바닥권이고, 헤알화/원은 꾸준히 올라갈 일만 남아 있다. 애초에 환헤지 제도가 엉망인데, 무슨 어떤 환헤지가 필요하겠는가? 그래서 항상 때가 있다고 하는 것이다.

15년 만에 기회가 왔지만, 표면이율이나 비과세와 같은 매력적인 혜택에는 여전히 변함이 없이 유효하다. 그래서 필자의『배당투자 최적화 더 파이어』플랜에서도 환헤지를 할 필요가 덜하고, 최  소 향후 몇십 년 동안 유효할 수 있는 매력적인 대상인 브라질 국채 표면금리 연 10% 6개월 지급식 이표채를 배당 포트폴리오에 넣지 않을 수가 없었다. 그래서 환헤지(Hedged)를 해야 할 때가 있는 것이고, 환노출(Unhedged)을 해야 할 때가 있는 것이다.

브라질 정부의 히든카드는
ESG 경영

'ESG'라는 단어는 이제 시중에서 어딜 가나 눈에 띄게 자주 등장한다. 이라면, 투자와 관련된 공부를 조금이라도 해본 사람이라면, ESG에 대하여 한 번쯤은 들어 보았을 것이다.

ESG(Environmental, Social, Governance)는 일반적인 재무 정보에는 포함되지 않지만, 중장기적으로 지속 가능성에 영향을 미칠 수 있는 요인들을 '환경, 사회, 지배 구조'의 세 영역으로 구분해 체계화하여 그 투자 대상을 평가하는 도구(Tool)를 의미하는 용어이다. 앞으로도 환경을 중심으로 하여 ESG에 대한 중요성은 점차 확대될 전망이다. 어떤 기업이나 투자 대상을 평가하는 새로운 기준으로 자리 잡으면서 그 중요성은 기하급수적으로 커지고 있다.

브라질 국채와 ESG가 무슨 상관이냐고 생각할 것이다. 하지만, 천만의 말씀이다. 브라질은 ESG 채권 발행국 대열에 합류하여, 사상 첫 2.6조 규모의 ESG 국채를 순조롭게 성공적으로 발행하여 북미(北美)와 유럽으로부터 큰 인기를 얻었다.

ESG에서 아주 중요한 부분이라고 할 수 있는 지속가능한 개발 채권(SLB, Sustainability-Linked Bonds)을 중남미(中南美)에서 가장 많이 발행한 국가가 바로 브라질이다. 브라질은 SLB 분야에서는 중남미의 다른 어떤 국가보다 선진국이라고 할 수 있다. 확실히 압도적으로 앞서 있다. 브라질의 공공부채율이 비관적이라면, ESG 정책은 매우 낙관적이다.

브라질 정부의 부채비율은 GDP 대비 70% 수준으로, 재정 건전성 지표상 부채가 높은 편이다. 하지만 브라질은 ESG 국채를 발행하면서 상대적으로 낮은 금리로 대규모 자금을 조달하는 데 성공했다. 그 결과 앞으로도 정부의 이자 지급 부담이 크게 완화되면서 재정 리스크는 점점 줄어들게 되고, 점차 줄어드는 구조로 전환되고 있다. 이러한 흐름이 유지된다면, 브라질의 국가신용등급도 결국에는 한 단계씩 올라갈 가능성이 높다.

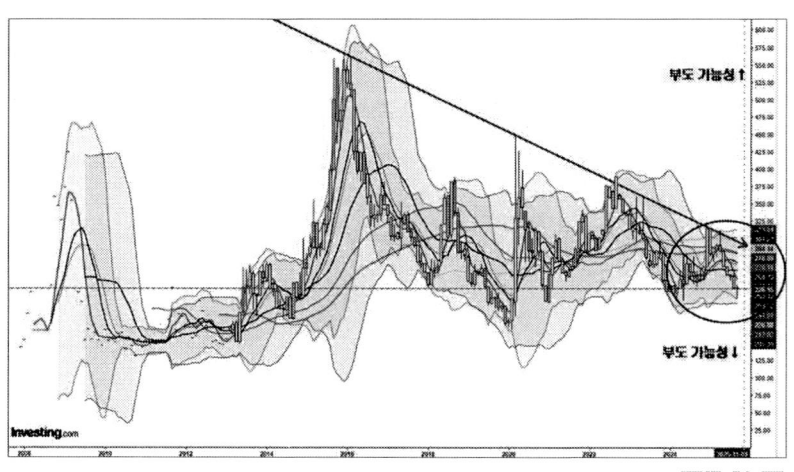

브라질 CDS 10년물 USD 월봉 차트 〈인베스팅닷컴〉

이는 장기 위험 평가에 적합한 브라질의 CDS(Credit Default Swap) 10년 스프레드(Spread)가 많이 축소된 것을 보아도 타당성이 있다. 글로벌 표준 벤치마크는 시장의 신용위험 인식을 가장 잘 반영하는 CDS 5년물을 기준으로 한다.

CDS의 값이 커질수록 부도 가능성에 따른 위험프리미엄이 상승하였음을 의미한다. 반면, CDS의 값이 낮아질수록 모든 전문가들이 위험하다고 하는 브라질 국채의 그 부도 가능성에서 멀어지게 된다. 현재의 상태는 브라질 채권의 신용위험이 크게 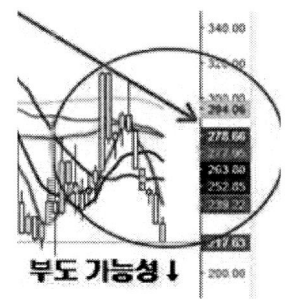 하락하였다는 것을 반영하고 있다. CDS 값이 내려가는 쪽으로 흘러가고 있기 때문이다. 모든 부분이 최상의 조건으로 맞아떨어지고 있다.

현재는 CDS 값이 무턱대고 커지기 힘든 구간이기 때문에, 대한민국과 마찬가지로 브라질의 부도 가능성은 점점 희박해지게 된다. 기술적으로도 아주 강력하게 밀집을 이루며, 동시다발적으로 하방 압력이 가해지고 있기 때문에, 시스템적으로도 무턱대고 CDS 값이 올라가는 것은 물리적으로 불가능에 가깝다고 할 수 있다. 즉, 브라질의 신용도는 점점 상승한다.

이에 아울러, 브라질은 2026년부터 자국 내 모든 기업에 ESG를 적용함으로써 기후 문제와 지구온난화에 대비하여 친환경 정책을 강력히 확대할 예정이다. 게다가 신흥국들 중에는 브라질이 친환경

문제에 있어서 최전방 부대의 선두에 있다고 볼 수 있다. 환경문제에 앞장서면 우대 혜택이 주어진다.

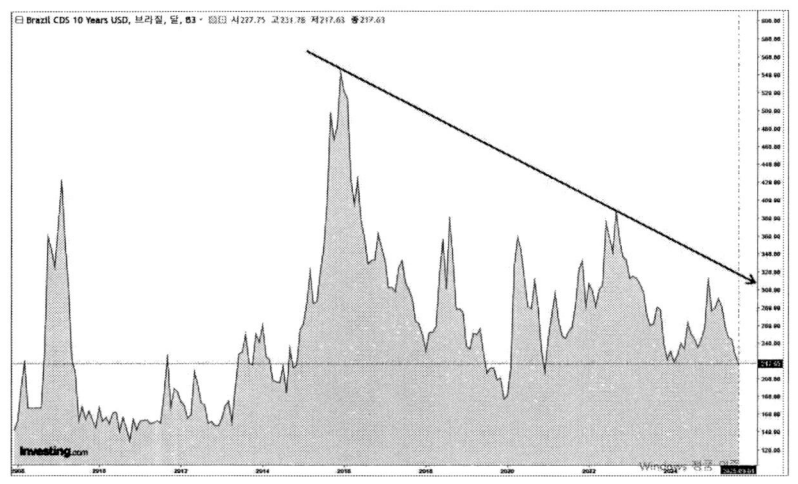

브라질 CDS 10년물 USD 전체 구간 〈인베스팅닷컴〉

결국 ESG 활성화와 투자 확대를 통해 국제 투자자들의 관심은 대폭 증가하였고, 자본 유입도 크게 증가하였으며, 앞으로도 이런 친환경적인 추세는 무조건적으로 지속적일 수밖에 없다. 미래 선진국형으로의 구조 전환을 위해 노력하고 있는 브라질 정부의 정책이 후진국으로 보이는가?

그래서 ESG로 인한 투자 유입은 브라질의 외화 유동성을 크게 늘리고, 신용리스크를 완화하는 데 중요한 역할을 했다. 실제로도 신용평가사 Moody's도 달러 표시 브라질 국채를 현재 긍정적(Positive)

으로 평가하고 있으며, S&P와 Fitch도 '안정적(Stable)' 등급을 유지하고 있다. 이러한 평가는 앞으로도 긍정적(Positive)인 요인이 될 것으로 예상된다. 브라질뿐만 아니라 전 세계적으로도 ESG 경영의 중요성은 점차 확대되고 있고, 매우 중요한 요소로 자리매김하게 될 것이다.

고액 자산가들이 반드시 알아야 할
김치 비과세의 비밀

실제로 고액 자산가들의 현금액 수준을 보면 그 규모에 탄식을 머금지 못할 때가 많다. 그런데, 글로벌 투자이민 자문자인 헨리 앤 파트너스가 국가별 고액 자산가를 대상으로 한 부의 이동 보고서에 따르면 그 결과가 실로 충격적이다.

2025년 한국을 떠난 고액 자산가들은 약 2,500여 명에 해당하고, 해마다 약 2배씩 늘어나서 영국, 중국, 인도에 이어 세계 4위에 해당한다. 올해에만 20조 원의 자산이 빠져나간 셈이다. 한국의 인구 수에 비하면 백만장자 유출 세계 1~2위 정도에 해당한다. 매우 심각한 문제다. 사실 재산이 50억 정도만 되어도 세금을 바라 보는 관점이 달라지기에, 가상의 시뮬레이션을 해보면 그럴 만도 한 일이기도 하다. 하지만 한편으로 매우 안타깝다.

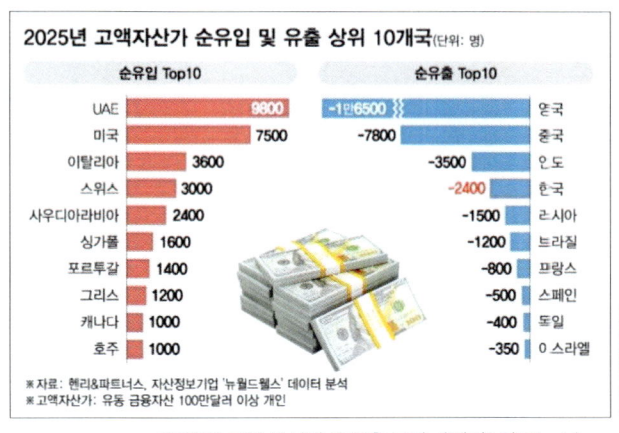

2025년 고액 자산가 순유출 국가 〈헨리&파트너스〉

먹고 살만하다는 OECD 38개국 중에서도 사실상 자산이 최소 30억 정도만 넘어도 최대 상속세율이 50%에 달해 거의 세계 1위 수준이다. 일본은 55%로 세계 1위이다. 그래서 일본인들은 죽으면 안 되기 때문에 세계 초장수국가가 되었고, 한국도 점점 그 뒤를 따라가고 있다. 인간은 사회나 환경에 맞게 적응과 진화를 하기 때문이다. 타워팰리스에 사는 고객 분들 중에 남편 사망 후 100억씩 상속세를 납세한 후 재산이 반토막 나는 일은 드문 일도 아니다.

연금 최적화와 더불어 지난 20여 년간 대한민국의 비과세 금융 상품을 연구해 온 입장에서 살펴보면, 현금 자산이 10~20억 정도만 넘어가더라도 한국의 소득세 체계에 불만을 가질 수밖에 없다는 생각이 드는 것도 엄연한 사실이다. 게다가 국내 주식은 자산가들로부터 이미 신뢰를 잃은 지 오래되었다. 그래서 일각에서는 죽으면 안 된다는 말도 한다. 맞는 말이다.

하지만, 필자가 연금 최적화를 통하여 그동안 역설해 온 양도세가 0%인 미국 주식형 펀드가 탑재된 연금 최적화는 2025년 현재 1인당 월 150만 원까지 전액 비과세되고, 부부일 경우 월 300만 원  까지 전액 비과세 된다. 그렇지만 종신형 연금으로 연금을 받을 경우에는 100% 비과세가 되므로, 1인당 몇백만 원까지도 사실상 변액연금 내의 미국 주식형 펀드가 100% 비과세 된다고 봐도 된다. 미국 주식형 펀드는 S&P500 ETF와 거의 흡사한 구성과 수익률이라고 보면 무방하고, 추가 납입을 200%까지 하였기 때문에 각종 비용도 거의 최소화가 된다. 고액 자산가들 중에서도 이런 영양가 있는 정보조차도 자세히 아는 사람이 드물다.

S&P500 ETF나 나스닥 100 ETF 정도를 노후 대비용으로 미국 주식에 고액으로 투자하는 경우, 비과세를 받을 수 있는데 왜 굳이 양도세를 물면서 투자하는가? 모두 비과세가 되는데 말이다.

이에 아울러 한국의 소득세율도 45%로 전 세계 최상위권에 해당한다. 고액 배당이나 고액 이자를 받아도 대략 반절이 날아가기 때문에 세금이 큰 부담으로 작용할 수 있고, 건강보험료까지 연동되면 실제 부담은 훨씬 커진다.

한국의 소득세율과 양도세율, 그리고 상속세율이 세계에서도 최상위권에 해당하기 때문에 현금 자산가들이 한국을 떠날 수도 있겠구나 하는 생각도 들지만, 매우 어리석은 선택이 아닐 수 없다. 왜냐하면 고액 현금 자산가들을 위한 100% 비과세 혜택이나 금융 상품들이 곳곳에 숨어 있기 때문이다. 상속세와 증여세도 마찬가지다. 50억 원을 사실상 0원에 가깝게 증여할 수 있는 합법적인 절세 방법이 있으며, 이는 대법관도 인정했다. 그럼에도 많은 자산가들이 절세 방법을 눈앞에 두고도 잘 몰라서 전 세계에서 가장 살기 좋다고 하는 대한민국을 두고 떠난다니, 참으로 안타까운 일이 아닐 수 없다.

지구촌 세계 각지의 사람들은 너 나 할 것 없이 한국에 너무나 오고 싶어 한다. 한국을 떠나더라도 결국 머지않아 한국을 그리워하며 향수 속에 살아감을 절대 부인할 수 없을 것이다. 한국만큼 거주 환경이 좋은 나라는 없다. 필요한 경우 해외로 여행을 가거나 체류를 하다 오면 된다. 군이 해외로 이민을 갈 필요가 전혀 없다. 가급적 베이스는 한국을 기준으로 해야 한다. 잘못된 상식으로 인하여 정체성의 혼선을 빚지 않기를 바란다. 모든 것이 돈과 수수료로 돌아가기 때문에 돈이 되는 곳에 모든 알선이 있기 마련이다. 중국에서는 엄격한 제재도 없이 미친 듯이 한국으로 들어오는데, 우리나라에서는 이른바 비과세를 활용해서 세금 지출만 줄이면 된다.

한국이 고액 자산가 순유출 상위국에 해당하는 주된 이유 중의 하나도 너무 높은 세율 때문이다. 영국에서도 대규모 세제 개편을 하자 1만 6,500명이 영국을 떠나는 웩시트(Wealth Exit)라는 부의 이동 현상이 일어났다. 무려 130조 정도에 해당하는 자금이 이탈한 것이다.

UAE의 두바이 씨티는 소득세, 양도세, 상속세가 모두 없어서, 전 세계의 부자들이 몰려든다. 그야말로 부자들 세상이다. 하지만, 막상 한국인 입장에서 해외 이민을 가보면 국가마다 개별 차는 있겠지만, 대체로 뜨거운 날씨와 찝찝한 습도, 더러운 환경, 낮은 치안 수준, 총기 등의 위험, 비싼 월세, 불확실한 출신의 사람들, 의료 문제, 교육 문제, 요양 및 간병 문제, 불편한 교통과 느린 인터넷, 줄어든 세금만큼 비싼 음식 등의 물가, 더 비싸고 맛없는 한식, 더 나아가 상속 문제, 네이티브 언어 장벽, 다시 붙는 김치 프리미엄, 사기 등의 또 다른 장벽에 부딪혀 그만큼 다른 비용도 더 들어간다. 물론 장점도 많이 있다. 하지만 결정적으로 아주 특별한 이유가 있지 않은 이상, 한국에서의 해외 투자이민은 자세히 살펴보면 종합적으로 매우 어리석은 짓이라고 할 수 있다. 자녀에게도 큰 실수를 하는 것이다.

한편, 국내에서 고액 자산 여부와 관계없이 모두 비과세를 받을 수 있는 방법 중의 하나가 바로 브라질 국채 장·단기간 만기 표면금리 연 10% 6개월 지급식 이표채(利票債)이다. 만약 현금자산으로 각종 예금 상품으로 전전긍긍하고 있다면, 현재 이후의 시점부터는 고금리 100% 비과세인 브라질 국채를 공부해서 갈아탈 필요성이 크다.

반면, 현금자산과 금융자산이 많은 고액 자산가들은 이민을 가려는 국가나 사업에 30억 원 이상을 투자하여 영주권을 얻는 해외투자이민을 가지 말고, 최우선으로는 한국에서 할 수 있는 고액 자산가를 위한 비과세 상품이나 플랜에 집중하면 된다. 돈을 떠나서 자녀들이나 후손들에게 정체성은 심어 주어야 한다. 여러 가지 지혜로운 방법들이 많다. 자녀에게 합법적으로, 거의 무비용으로 100억을 증여할 수도 있다. 대법원관도 인정한 절세 비법이기 때문에 국세청에서도 털끝 하나 못 건드린다. 탈세를 하라는 것이 아니다. 굳이 왜 해외투자 이민을 가는가? 국내에서 소비를 많이 하길 바란다.

필자가 심혈을 기울여 집필해 온 책들(『나는 연금 최적화로 남들보다 연금을 3배나 더 받는다』『100억 부자를 만드는 미니멀라이프 최적화』『배당투자 최적화 더 파이어』『지금 브라질 국채 3억 원이면 10년 뒤 서울 아파트를 사고, 10억 원이면 강남 아파트를 산다』)을 자세히 읽어 보면 필자가 아무 생각 없이 최적화된 플랜을 주장하는 것이 아니라는 사실을 알 수 있을 것이다.

사실 필자가 쓴 책들은 모두 이어지는 내용이므로, 해외투자 이민을 가기 전에 꼭 비과세를 점령하기를 바란다. 뒤늦게 후회하는 경향이 아주 많다. 필자의 친척과 직원의 가족, 고객 분들께서도 관련된 쓰라린 경험을 하였기 때문에 와 닿지 않을 수가 없었다.

현재와 미래의 대한민국 상황에서 세금을 막론하고, 자녀의 교육과 복지 혜택 측면에서도 해외투자 이민은 매우 미련하고 어리석고, 멍청하고 안타까운 짓이다. 해외투자 이민 자체가 중요한 부분이 아니기 때문에 심각하게 논할 필요가 없지만, 해외투자 이민은 큰 문제다.

고액 자산가들이여, 특별한 사연이나 이유가 있지 않은 이상 부디 숫자만을 보고서 해외투자 이민을 선택하지 않기를 강력히 바란다.

현재 어쩔 수 없는 한국의 조세 정책 아래에서 국가의 정통성 확립과 자국의 발전 및 출산율 확보를 위해서도 해외투자 이민은 매우 바람직하지 않은 현상이기도 하다.

사실 우리가 살고 있는 국가뿐만 아니라 해외의 선진국들도 그 국가 자체는 매우 무서운 존재라는 것을 잊으면 안 된다. 단순히 당신의 편이 되어 주지 않는다. 대사관도 믿을 곳이 못 된다. 엄연한 사실이다. 고액 자산가들뿐만 아니라, 일반적인 가정의 가장들도 꼭 기억해야 할 부분이 있다. 깡패나 조직 폭력배 및 갱단보다 더 무서운 존재가 바로 국가다. 이민을 가면 모든 요소의 위험들이 도사리고 있다. 현대의 자본주의 체제 아래에서의 국가는 각개전투의 장이라는 사실을 가슴속 깊이 새겨야 한다.

중도와 만기,
두 개의 선택지 모두가 이익이로다

　은행의 1년 만기 연 3.2% 정기예금은 364일도 아닌 정확히 1년 365일을 채워야 연 3.2%에 해당되는 세후 이자가 지급된다고 하였다. 중도에 정기예금을 해지하게 되면, 경과 기간에 따라 지급되는 이자가 생각보다 많이 줄어들게 된다. 은행마다 차등 방식의 차이가 있다.

　반면에 브라질 내의 채권 중에서도 가장 안전한 국채의 경우, 가령 10년의 기간을 예를 들어 브라질 국채 10년 만기 표면금리 연 10% 6개월 지급식 이표채를 10억 원 매수하여 만기까지 보유하게 되면 예금과 동일하게 약속한 표면이자 연 10%는 1억이므로 10년 동안 10억의 이자를 받고, 만기 시에는 원금 10억 원을 돌려받을 수 있다.

　중요한 점은 중간에 금리가 올라가서 채권의 가격 자체가 떨어지든, 금리가 내려가서 채권의 가격 자체가 올라가든 이에 관계없이 무조건 만기까지만 보유하면 10년 동안 이자 10억도 받았고, 투자한

원금 10억 원을 돌려받을 수 있다는 것이다. 만기까지 보유 시 무조건 원금을 지킬 수 있다는 점은 매우 큰 장점이다.

10억 원의 채권을 보유하고 있는 중도에 금리가 계속 올라가서 채권 가격이 많이 내려가면 6개월마다 지급되는 이자 약 5천만 원을 계속해서 받고, 만기까지 보유하여 원금을 받으면 된다. 중도에 금리가 내려가서 채권 가격이 올라가게 되면 중도에 채권을 매도하여 마치 주식과 같은 비과세 양도차익을 남길 수 있게 되어, 모두 자본차익을 실현해 현금화할 수 있다. 그래서 고금리 기조의 끝자락에 있는 현재도 브라질 국채와 같은 채권으로 금액의 크기에 관계없이 전액 비과세 자본차익을 거둘 수 있는 아주 좋은 시기이다.

이러한 내용을 잘 이해하지 못한 경우, 금리 인상기의 중도 매도 시에는 시장금리의 변동에 따라 채권 가격이 할인되어 떨어져 있으므로 투자 손실이 발생할 수 있다. 장기채는 단기채보다 금리 인하 시의 수익이 더 크고, 금리 인상 시의 손실이 더 커진다. 이처럼 기본적으로 채권은 금리에 민감하게 반응하기 때문에 가격 변동의 위험이 도사리고 있다. 가격이 변동하기 때문에 수익률도 따라서 변동한다. 하지만 크게 문제 될 것은 없다.

하지만, 일반인이 아닌 대주주가 주식을 양도하면 일반적으로 10~30%의 양도소득세를 부과하므로, 현재 이후에 고액으로 브라질 국채에 투자한 경우에는 금액의 크기에 관계없이 전액 트리플 비과세를 누릴 수 있다. 그래서 현재 이후부터는 브라질 국채에 투자하기에 매우 좋은 시기라고 하는 것이다.

예를 들어, 얼마 전 2023년 미국의 실리콘밸리은행(SVB)이 파산할 때와 같은 위기 국면에서 국채 금리가 폭락하여 은행보다 신뢰성이 훨씬 높은 국채 가격이 폭등했다. 그런데 이때 중도에 국채를 매도함으로써 금액과 관계없이 무제한으로 전액 비과세 양도차익을 남길 수 있기 때문에, 금리 인하나 금리 폭락 시에 자체적으로 리스크도 헷지할 수 있는 이점을 지니고 있다.

이처럼 중도에 수익을 얻고 매도할 경우에는 1년이라는 기간과는 무관한 단기 수익을 보는 것이고, 당연히 이 또한 100% 비과세가 된다. 마치 시험 문제를 푸는데 1번을 찍어도 정답이고, 2번을 찍어도 정답인 셈이다. 즉 6개월마다 지급되는 이자소득뿐만 아니라, 채권 거래에서 발생하는 양도차익 또한 대주주 여부나 금액의 크기에 관계없이 양도소득세가 전액 비과세가 되기 때문에 매우 매력적인 투자라 할 수 있다.

단, 금리가 인하하거나 폭락하여 채권 가격이 상승하거나 폭등하면 매도하여 채권 가격의 자본차익을 남길 수 있다. 하지만 채권 즉, 브라질 국채는 매수 당시의 액면가를 기준으로 4.88%의 이자(Coupon)가 장기간 지급되기 때문에 채권의 매수 시점도 중요하다. 현재 시점이 바로 유리한 시기에 해당된다. 브라질 국채 가격이 헐값이기 때문이다.

반면에 채권을 매도하여 자본차익을 남기게 되면, 액면가가 상환되어 지급된 원금을 가지고 다시 동일하게 투자하면 과거보다 훨씬 낮은 금리의 이자를 받아야 하고, 채권도 비싸게 매수를 한 결과가 된다. 그렇기 때문에 현재 이후로는 매우 중요한 시기이며, 만기까지 보유해도 결코 불리한 구간이 아니다. 헤알화가 매우 저평가되어 있기 때문이다.

예를 들면 현재 10년 만기 브라질 국채의 매수단가가 84헤알이므로, '100 : 84 = X : 10,000, X= 11,904'이다. 따라서 10억으로 브라질 국채에 투자하면, 약 11.9억의 액면가에 해당되는 브라질 국채를 매수하게 되는 셈이다. 지금 채권의 가격이 내려가 있기 때문이다. 이제 액면가 11.9억의 4.88%인 5,809만 원의 비과세 이자를 10년 동안 20회 받게 되는데, 채권 가격이 급등하여 84헤알의 매수단가가 95헤알이 되었다. 채권 가격이 많이 올랐기 때문에 현재 매도를 하게 되면 자본차익을 얻게 되어 투자원금은 상환되어 지급되고, 이자인 5,809만 원은 이제 더 이상 지급되지 않는다.

하지만, 다시 현재 시점에서 그대로 재투자를 할 때 상황이 많이 바뀌었다. '100 : 95 = X : 10,000, X= 10,526'이므로, 브라질 국채를 10억 원 매수하면 약 10.5억 정도의 액면가를 매수하는 셈이 된다. 할인 매수 효과가 크게 줄어든 것이다. 10.5억의 4.88%는 5,136만 원이므로, 가만히 두었으면 6개월마다 약 5,800만 원의 이자가 나올 것을, 팔고 다시 사면 이자가 700만 원 줄어든 5,100만 원이만기 때까지 나오게 되는 것이다. 연간 1,400만 원에 해당된다. 그래서 배당과 같은 인컴(Income) 수익을 생각하고 있는 경우, 과거 5,800만 원씩 받던 이자보다 줄어든 5,100만 원을 받으면서 운용해야 하는 재투자 리스크가 발생한다.

 헤알화의 가치는 바닥권에서 올라갈 수밖에 없으니 팔지 않는 것도 방법이고, 팔고 또 다른 전략을 세우는 것도 방법일 수 있다. 현 시점에서 미래의 헤알화는 상승할 수밖에 없는 상황이며, 금리도 인하될 수밖에 없는 상황이라 이래도 저래도 유리한 상황이라 할 수 있다. 줘도 못 먹겠는가?

반기 이자가 5%가 아니라 4.88%인 이유

사실 0.12% 차이이기 때문에 크게 문제가 될 만큼 영향력이 있는 수치는 아니지만, 짚고 넘어가야 할 이유가 있다. 금융 소비자들은 본인 기준으로만 생각하려 하기 때문이다.

10억 원에 대하여 세후 연 10%라고 가정한다면, 오늘부터 정확히 1년이 지나야 세후로 1억 원의 이자가 지급되는 것이고 한 치의 오차 없이 정확히 계산되었다고 할 수 있다.

하지만, 브라질 국채의 표면이율이 연 10%이긴 하지만, 6개월 지급식의 이자가 표시된 채권인 이표채(利票債)이기 때문에 6개월 후에 5천만 원이 지급되고, 또 6개월 후에 5천만 원이 지급된다. 정확히 계산하자면 먼저 지급된 5천만 원은 6개월의 시간을 번 셈이 된다. 그래서 엄밀히 말하자면, 연 10%가 아니라 연 10% 이상이 되어 버린다. 연 10%가 1년마다 지급되는 것이 아니라, 6개월마다 이자가 지급되는 방법과 혼합이 되면서 조금 복잡해진 것이다.

$$\{1*0.0488\}+\{(1+0.0488)*0.0488\}=0.09998 ≒ 9.99814\% ≒ 10\%$$

그래서 6개월 먼저 지급된 이자를 5%가 아닌 4.88%로 계산하고 연간으로 환산하면 연 10%가 된다. 즉, 6개월 먼저 받는 부분도 생각해야 하는데, 금융 소비자가 이 부분까지는 생각을 못 하는 것이다. 그래서 이자 지급 시기에 환율 변동이 없다고 가정할 때 4.88%로 계산이 되어 약간 모자란 느낌이 드는 것이다. 즉, 6개월 선지급을 받기 때문에 연 10%로 맞추어 복리로 계산하면, 브라질 국채의 실제 액면 이자율은 6개월에 4.880885%가 나오는 것을 알 수 있다. 몰라도 된다. 4.88%이므로 약 5%라고 가정하면 된다.

$$\sqrt{(1+0.10)} - 1 = 0.048808 ≒ 4.880885\% = 4.88\% ≒ 5\%$$

4.88%가 중요한 것이 아니라 미래에 헤알화/원의 환율, 즉 헤알화의 가치가 강세를 띠는 것이 중요하다. 대한민국 사람들은 사소한 것에 목숨을 거는 경향이 있다.

금융소득 2천만 원은
뭐로 채워야 기가 막힐까?

　은퇴 이후에 대부분의 사람들은 근로소득자가 아니기 때문에, 건강보험 지역 가입자로 전환된다. 이자소득과 배당소득에 해당되는 금융소득이 세후가 아닌 세전으로 연간 1,000만 원만 초과하게 되더라도 은퇴한 지역 가입자의 소득과 재산을 점수화하여 점수당 208.4원의 보험료가 부과되는 방식으로 건강보험료에 반영된다.

　은퇴자인 지역 가입자가 약 3억 원 정도만 세전 연 3.4% 정기예금에 넣어도 이자소득이 금세 세전 1,000만 원이 넘어 버려 건강보험료 산정에 100% 반영된다. 중요한 것은 연간 금융소득이 1,001만 원만 되어도 전체가 금융소득으로 잡힌다는 점이다. 물론 개인차가 있겠지만, 장기 요양을 포함한 건강보험료가 매월 약 10만 원 정도 증가할 수 있다. 금융소득이 2~3천만 원 대만 되어도 건강보험료는 금방 연간 2백만 원대로 증가하게 된다.

　연간 이자나 배당소득이 약 1,000만 원대인 경우에는 아예 1,000

만 원이 넘지 않도록 하는 것이 유리하다. 따라서 앞으로 헤알화가 준(準) 바닥권에 있는 현재부터는(현 시점 이후로 브라질 국채에 투자하는 것은 매우 유리할 수밖에 없다. 앞으로는 이자소득이 발생할 수 있는 금융 상품인 정기예금, 보통예금, MMDA, 정기적금, 채권 등을 이자소득세가 100% 비과세인 브라질 국채로 대체하여 투자 비중을 확 늘리도록 해보자.

그래야, 금융소득 종합과세 대상 기준인 2,000만 원 한도 내에서 우량 배당주의 배당소득을 온전히 받을 수 있는 환경을 만들어 놓을 수 있다. 이자(Coupon)의 표면이율이 연 10%이지만, 환위험이 떨어져서 과거처럼 문제가 되지 않는다.

가장 기초적인 이자소득부터 예·적금이나 채권으로 다 채워 버리면 배당주나 펀드, 리츠 등에서 발생하는 배당소득에서는 빼도 박도 못한다. 이는 앞으로 금융소득 종합과세 한도가 1,000만 원으로 줄어들어도 마찬가지다. 현재도 지역 가입자인 은퇴자의 경우, 되도록 1,000만 원 미만으로 잡힐 수 있도록 비과세 혜택이 있는 브라질 국채를 적극적으로 활용하기 바란다.

그래서 은퇴자들은 안전하다고 하는 정기예금이나 MMDA에 아무 생각 없이 몇 억 원 정도를 가입하는 경우가 많다. 그렇게 되면 15.4%의 이자소득세가 원천징수 되고, 2,000만 원 초과분에 대해서는 금융소득 종합과세 대상자가 된다. 이 경우, 다른 소득과 합산되어 6~45%의 누진세율로 과세될 뿐만 아니라, 건강보험료 부담까지 함께 늘어난다.

대한민국에서는 재산이나 소득이 있으려면 확실히 많아야 하고, 없으려면 아예 없어야 한다는 말이 나오는 이유 중 하나가 바로 건강보험료 제도 때문이다. 탈세를 하라는 말이 아니다. 현실적으로 우리나라의 소득세, 양도세, 상속세는 전 세계에서 최상위권이다. 이로 인해 우리 사회가 현실주의, 물질 만능주의, 자본 최우선주의 사회로 진화해 갈수록 몇 십억~100억대 자산을 가진 어중간한 고액 자산가들의 해외 이주나 이민 및 이탈이 점점 많아지고 있는 것이다.

이래서 이 말이 와 닿는 은퇴 예정자일수록 과세 대상이 아니라 소득세 신고 납부 의무가 없는 비과세 3대 무기를 이해하고, 유리한 부분을 찾아내어 장착해야 한다. 3대 무기는 2025년 이후의 브라질 국채(채권 포함)와 비과세 변액연금, 그리고 대한민국의 배당주와 무배당주라 할 수 있다.

필자가 여러 차례 강조하였지만, 과세 체제의 틀에서 벗어나 독립된 비과세 소득 체계를 잘 만들어 놓아야 한다. 그래야 자산이 많아지더라도 세후 소득에 대하여는 세금이 너무 많다거나 해외 이주를 해야 한다는 등의 이상한 소리를 하지 않는다.

물론, 은퇴자가 아니더라도 현직의 근로소득자도 금융소득이 세전 연간 2,000만 원을 초과하여 금융소득 종합과세 대상자에 해당되면 금융소득 전액이 100% 반영되어 직장 가입자의 건강보험료에도 반영이 된다.

　대한민국의 개인 투자자 입장에서 볼 때, 금융소득 종합과세 대상이 되는 한도가 2,000만 원이므로, 부부 합산 4,000만 원 미만에 대한 한도는 대한민국 우량 배당주의 배당소득으로 할당되도록 하는 것이 무조건 현명하다고 본다. 즉, 이자소득은 비과세로 할당시킨다는 뜻이다. 물론, 과세 체제의 틀에서 벗어나 독립적으로 구성된 투자 항목들로 포진될수록 종합과세 대상자가 되어도 크게 불리해지지 않는다.

　투자 종목들마다 배당률이 달라서 약간의 차이야 있겠지만, 배당주들로만 약 5억 원 정도를 보유해야 금융소득 종합과세 대상자로 분류된다. 부부 합산하여 약 10억 원에 해당되는 적지 않은 금액이다. 시기에 따라 보유하지 않을 수도 있고, 무배당주를 보유할 수도 있다. 배당주에서 연간 4,000만 원만 나와도 350만 원짜리 월세에서도 부담 없이 살거나 소비할 수 있는 금액이다. 연간 2,000만 원의 배당금이 나와도 180만 원짜리 월세에서 부담 없이 살거나 소비할 수 있는 금액이다.

　벌어서 내는 것과 자동으로 생겨나는 불로소득에서 내는 것은 하늘과 땅 차이다. 결국 아파트도 인간처럼 무조건 노후화가 되기 때문에 압구정 아파트도 대치동 아파트도 결국엔 월세의 정점은 찍게 되어 있다. 월세도 무조건 올라가는 것이 아니다. 즉, 집의 문제가 아니다. 앞으로는 브라질 국채와 비과세 변액연금, 그리고 대한민국 배당주를 잘 응용할 필요가 있다. 당신은 생각보다 세금을 너무 많이 내고 있기 때문이다.

단, 시간이 갈수록 무리한 대출은 없어야 한다. 이 부분에 대하여 필자가 쓴 『100억 부자를 만드는 미니멀라이프 최적화』라는 책에 매우 생생하게 비교해 놓았다. 사실 모두 이어질 뿐만 아니라, 각개전투의 주인공인 대한민국의 개인 투자자가 꼭 알아야 할 비밀의 서사시(敍事詩)라고 할 수 있다. 2025년 현재 이후부터는 환위험이 떨어지는 브라질 국채를 적극적으로 잘 활용하자.

브라질의 BOVESPA 지수는 정점을 향하여!

브라질 주식시장의 대표지수라 할 수 있는 보베스파(BOVESPA)는 정점을 향해 달려가고 있다. 모든 때의 타이밍이 맞아떨어지고 있다.

반면 브라질 국채 표면금리 연 10% 6개월 이표채의 매수 결제단가는 100을 기준으로 하여 약 83~84 정도까지 할인되어 있다. 대략 10억 원을 매수하면 12억 정도의 액면 수량으로 매수가 되는 셈이므로, 매우 유리한 상황이다. 장기간의 금리 상승으로 인하여 채권 가격이 하락한 상태이다.

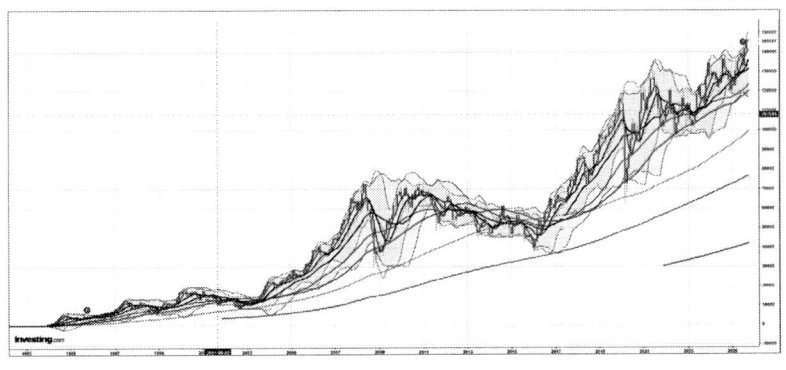

정점에 오른 브라질 BOVESPA 지수 월봉 〈인베스팅닷컴〉

BOVESPA 주가지수가 고평가되어 부담스러운 수준에 있으면 정점이 어딘지는 모르겠지만, 변곡점에서는 주식 대신 안정성이 더 높은 자산인 채권의 매력도가 올라가게 되고, 주가 상승의 기대가 줄어들면 위험 자산에서 안전 자산으로 이동하게 된다. 브라질 BOVESPA 주가지수가 너무 좋아 보인다면, 이제부터는 서서히 브라질 국채를 매수해야 하는 시기가 왔다는 뜻이다.

BOVESPA 주가지수만 보더라도 브라질에 속해 있는 기업들은 크게 문제가 되지 않는다. 지극히 정상적인 궤도를 그리고 있다.

브라질 국채 비중 1.7%,
진짜 돈 냄새가 난다!

2025년 현재 국내 투자자가 보유하고 있는 외화채권 중 브라질 채권 보유 비중은 역대 최저치인 2% 미만으로 확인된다. 월가(Wall Street)에서도 모두가 비슷한 생각을 하고 있다면, 모두가 틀렸을 가능성이 크다는 말이 있다. 브라질 채권 보유 비중이 가장 낮은 현재의 구간이야말로 투자를 위한 절호의 기회이다. 남들이 두려워할 때 오히려 욕심을 부려야 한다는 말이다.

현재 보유 외화채권의 98% 이상이 미국 채권에 집중되어 있다. 너무 인기가 높은 금융 상품은 조심할 필요성이 있다. 항상 그래 왔다. 어마어마한 비중이다. 아무리 좋은 것도 너무 과드해서는 안 된다는 말도 있다. 이럴 때일수록 군중의 반대편에 서야 한다. 하긴 돈 냄새 조금만 풍겨도 은행이나 증권사에서는 무조건으로 미국 국채를 권유해 왔고, 투자자들의 미국 국채 열풍도 매우 뜨거웠다. 달러화를 기반으로 하는 미국 국채를 무조건 부정하려는 말이 아니다.

연도별 국내 투자자의 미국과 브라질 채권 보유 비중 〈SEIBro〉

 브라질 채권 보유 비중이 무려 70%를 상회하던 2017년부터 약 5년 동안은 비중도 계속해서 줄었을 뿐만 아니라, 헤알화의 가치도 급락했다. 만약 이때 브라질 국채에 투자하고 있었다면, 헤알화의 가치가 크게 떨어져 환차손이 났을 것이다. 외화채권 중 무려 브라질 채권이 72.5%나 차지하고 있던 인기가 아주 많던 시기에도 군중 편에 있던 브라질 채권은 어김없이 배신하였다. 항상 매수 열풍에 휩쓸리지 않도록 조심해야 한다. 단순히 인기만으로는 좋은 결과를 기대하기 힘들다. 역사적으로도 군중들은 대부분 틀린다는 점을 잊어서는 안 된다.

 2015년부터 2017년까지 브라질 채권 보유 비중이 늘어날 때는 하락 추세 안에서도 헤알화의 가치가 올라갔었다. 하지만, 2017년에 72.5%라는 최고치를 기록한 이후로 현재까지 계속해서 하락하던 브라질 채권 보유 비중은 2025년 현재 1.7% 수준까지 떨어졌다. 헤알

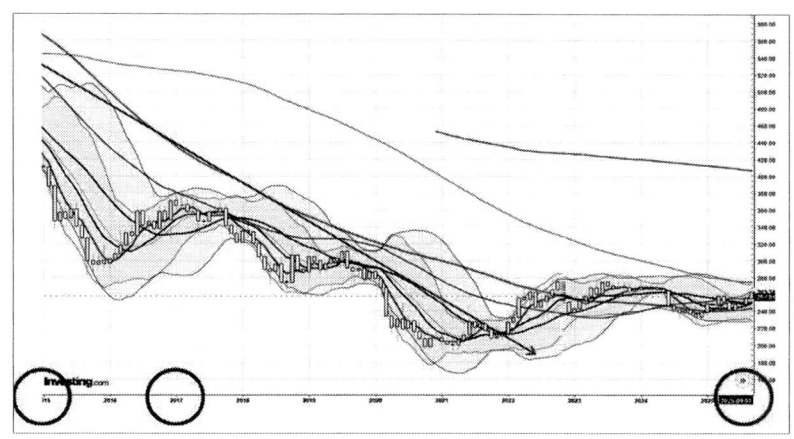

2017~2025년 바닥권을 다지고 있는 헤알화/원의 환율 〈인베스팅닷컴〉

화의 가치는 그야말로 바닥을 지나 지하까지 추락하였다가 하락을 멈춘 상태이다. 다 털려 나갔다는 뜻이다. 성공은 늘 소수만이 누리는 특권이라는 점을 기억할 필요가 있다. 언론 기사에 언급되는 성공적인 브라질 국채 투자자가 되길 바란다.

거꾸로 브라질 입장에서도 낮은 금리의 이율로 거대 규모의 자금을 성공적으로 조달하였기 때문에, 외국인 중 한국 투자자에 대한 적지 않은 고금리의 국채 발행 비중이 낮아지는 데에 많은 영향을 끼쳤다고도 볼 수 있다.

이제부터 브라질 채권의 비중이 점차 늘어나기 시작하면, 브라질 국채 투자가 가속화되면서 헤알화의 가치도 계속해서 점진적으로 우상향하게 될 것이다. 단, 급작스러운 증가가 아닌 안정적으로 꾸

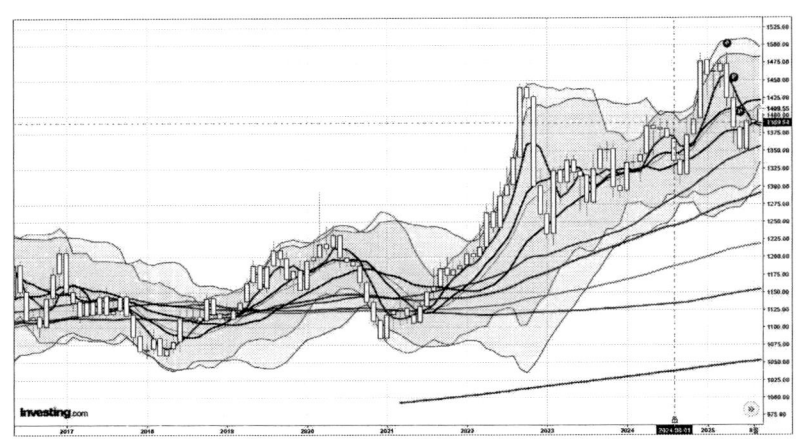

달러화/원(USD/KRW)의 환율 변화 〈인베스팅닷컴〉

준한 증가가 이루어질 것이다. 현재 대한민국의 외화채권 중 브라질 국채의 비중이 아주 작기 때문에 많아지는 것이 좋은 것이지, 많은 것이 좋은 것이 아니다.

2017년부터 현재까지 미국 채권의 비중이 계속해서 늘어나면서 달러화의 가치도 꾸준히 우상향 해왔고, 강달러로서의 입지를 굳건히 해왔다. 물론 다른 이유도 많지만, 원화와의 관계에 있어서 달러의 가치는 점점 높아졌다.

대한민국의 외화채권 중 브라질 채권의 보유 비중은 역대 최저치인 1.7% 정도이므로, 브라질 국채를 중장기적으로 투자하기에는 매우 안전하면서도 적합한 시기라고 할 수 있다. 표면이자율이 높기에 손해 볼 것이 없는 장사이다. 외화채권 중 브라질 채권의 비중이 늘어난다는 것은 세계적으로도 브라질 채권의 매수량이 다시 늘어나면서 브라질 채권의 비중이 점점 늘어난다는 것을 의미한다. 그 비중이 확대될수록 헤알화/원의 환율은 상승하게 된다. 소문난 잔치에는 먹을 것이 없다는 말을 꼭 기억하길 바란다. 항상 큰 기회는 다수가 아니라 소수에게 주어진다. 15년이 지난 지금, 브라질 국채에서 진짜 돈 냄새를 맡을 수 있을 것이다.

드디어 감소 추세에서 벗어난
브라질 채권 잔고

　2017년부터 외화채권 중 브라질 채권의 비중이 줄어드는 것에 비례하여 브라질 채권의 잔고는 2024년까지 연이어 감소해 왔지만, 2025년에는 이자소득과 자본차익에 환차익까지 기대한 대규모 자금이 유입되면서, 2025년이 끝나지 않았는데도 벌써 채권 잔고의 연도별 감소 추세에서 완벽히 이탈되었다. 이제 다시 꾸준한 증가 추세로 바뀔 수 있는 변곡점이다.

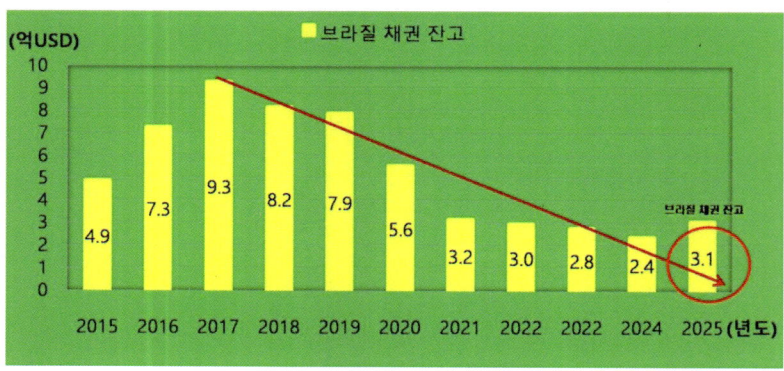

8년간의 감소 추세에서 벗어난 브라질 채권 잔고 〈SEIBro〉

항상 이처럼 정곡을 찌르는 하락 반전의 모멘텀이 중요하다. 시장은 반드시 신호를 주는 법이다. 매우 중요한 신호라고 할 수 있다. 시장이 주는 이 신호를 따르면 된다. 하지만, 군중들은 시장이 주는 메시지를 무시한 채 구태의연한 고정관념이나 다른 사람들의 쓸데없는 의견에 귀를 기울이곤 한다. 그래서 현 시점 이후에서 이 책의 의의가 더욱 크다고도 할 수 있다.

만기 보유를 해도 되는
구간이 왔다

　브라질 국채의 최대 장점은 채권으로서의 표면이율이 연 10%의 적지 않은 금액이라는 것이다. 금리 인상기의 막바지에는 할인된 발행 효과가 일어나 있으므로, 현재 기준 10억 원을 매수하면 약 12억 원 정도의 액면가로 매수가 된다. 표면이율이 액면가의 연 10%이므로, 매년 약 1.2억의 이자소득세가 없는 세후 이자소득이 발생한다. 여기까지는 실제로 아무 문제가 없다.

　채권의 아주 유리한 특징 중의 하나가 있다. 보유 중인 채권을 만기까지 보유 시 매수한 액면가인 12억이 전액 상환되어 지급되기 때문에 주식과 같은 투자원금에 대한 가격 변동 리스크가 근본적으로 사라지게 된다. 높은 이자는 이자대로 다 받아먹고, 투자원금은 물론이고, 매수 시점에 할인되어 저렴하게 매수되어 발생하는 할인 차액까지 손해를 보지 않을 수 있다. 즉, 브라질 국채를 만기까지만 보유하면 결과론적으로 가격 변동 리스크에 노출이 되지 않는다. 여기까지도 만기까지 헤알화/원의 환율이 크게 떨어지지만 않으면 아무 문제가 되지 않는다.

하지만, 과거에 브라질 국채의 수많은 문제의 발단은 바로 헤알화/원의 환율에 있었다. 만기까지 보유하면 뭐 하겠는가? 헤알화의 가치가 끝도 없이 떨어지니까, 만기까지 보유하다가 환전해도 환차손이 발생해 투자원금의 손실이 일어났던 것이었다. 환헤지도 되지 않는다. 예를 들어 헤알화/원의 환율이 600원에서 300원으로 반토막 났다고 가정하면, 10억 투자 시 10년간 10억의 이자를 받았음에도 불구하고, 계속 환율이 떨어졌기 때문에 환산하면 약 7.5억 정도가 된다. 결과적으로 만기에 지급되는 10억을 환전하면 약 5억이 되므로, 투자원금 10억을 겨우 넘게 된다. 고금리의 이자가 무색해지는 순간이다. 관건은 헤알화/원의 환율 변동이다.

반면, 현재 상황은 헤알화의 가치가 극도로 저평가되어 안정된 구간이라서 만기가 긴 브라질 국채를 만기 보유해도 크게 환차손을 입기 힘든 구간이다. 헤알화의 가치가 장기간 완만하게 우상향하는 구간이기 때문이다. 물론, 채권의 가격이 내려가 있으므로 금리 인하로 채권의 가격이 상승하면 중도에 매도하여 자본차익을 거둘 수도 있고, 이때 또 플러스로 환차익이 발생할 수 있는 구간이다. 현재와 같이 금리가 높은 구간에서 어떤 이벤트가 발생하여 금리가 폭락할 수도 있는데, 이때 채권의 가격이 폭등하면 중도에 매도하기 좋은 상황이 될 수 있다. 브라질 국채의 경우, 표면이율이 높아 이럴 때는 행복한 고민을 해야 한다.

그래서 현재는 중도에 매도하거나 만기까지 보유하는 전략을 같이 가져가도 나쁠 게 없다고 보아도 무방하다. 집중을 해야 할 때는 분산이 아니라 집중해야 한다. 현재는 크게 문제가 되지 않는다. 그래서 항상 때가 있다고 하는 법이다.

브라질 채권 ETF보다는
브라질 국채 직접 투자로

　ETF는 말 그대로 'Exchange Traded Fund'로 거래소(Exchange)에 상장되어 주식처럼 자유롭게 거래(Trade)가 가능한 펀드(Fund)를 말한다. 브라질 채권 ETF는 주식처럼 언제든지 사고팔 수 있고, 하나의 펀드이다 보니 펀드 내부에는 다양한 만기도 분산이 되어 있고, 브라질 국채뿐만 아니라, 회사채나 준정부채, 지방채 등을 분산하여 운용한다.

　ETF이므로, 장내에서 거래되기 때문에 유동성은 풍부하다. 환헤지는 앞서 설명한 것과 같이 되긴 하지만 유명구실(有名無實)한 경우가 많다. 브라질 채권 ETF의 가장 유용한 점은 소액으로도 투자가 가능하다는 점이다. 물론 헤알화 표시 브라질 국채에 직접 투자하는 경우에도 최소 매수 수량이 10,000헤알로, 현재 1헤알에 약 255원이므로 약 300만 원 미만의 소액으로도 투자할 수 있다.

　현재 시점에서 브라질 채권 ETF는 채권(Latter, Note, Bond)만이 가지고 있는 독보적인 기능을 활용하는 데 부족함이 많아서, 채권이라기보다 채권형 펀드나 관련 주식 정도로 이해하는 것이 편할 것 같다. 브라질 국채처럼 이자(Coupon)를 지급하다가 만기에 액면가를 보장해 주는 것이 아니라, ETF의 가격에 따라 변동된다. 따라서 투자원금 자체에 경제적인 문제로 치명상을 입으면 이 역시 회복 시간이 오래 걸리거나 어려울 수도 있어서 채권이 가지고 있는 비밀 무기인 만기 원금 보존 치트키를 사용하기 어렵다.

환율에 문제가 없다고 가정하고, 만기보유 전략으로 진행할 경우 해외 장외 채권인 브라질 국채를 직접 투자하는 방법이 거래소에 상장된 브라질이나 신흥국 관련 채권형 ETF보다는 오히려 훨씬 더 구조적으로 안전하다고 볼 수 있다. 단, 헤알화의 환율이 중요한 문제가 된다. 현존하는 환헤지는 유명무실(有名無實)하여 직접 투자든 간접 투자든 간에 제대로 되지 않기 때문에 되지도 않는 것을 따지지 말고, 오히려 환율의 흐름을 제대로 이해하는 것이 더욱더 중요하다. 브라질 채권 ETF는 브라질 국채라는 오리지널 채권이 지닌 주요 기능을 활용하기 어렵기 때문에 잠시 제쳐 두기로 하자.

상품이 진화하고 개발되는 동안 수익(Income)형 ETF들도 끊임없이 개발되기는 하지만, 브라질 국채만이 지닌 팔방미인형 장점을 고스란히 반영하고 있는 브라질 채권 ETF가 현재 없다고 보아도 무방하다. 결국 브라질 국채에 직접 투자하면 첫째도 둘째도 환율이 관건이다. 브라질을 포함한 이머징마켓 국채 전반에 투자하는 ETF는 거의 신흥국 채권형 펀드라고 보면 된다.

브라질 채권 ETF는 장기적으로 계속해서 관리 운용보수가 발생되기 때문에 중장기 수익률이 생각보다 좀 더 깎일 수 있다. 브라질 국채는 해외 장외 채권이라서 최초 1회 채권의 만기 기간 등에 따른 중개수수료가 발생되는 대신 운용보수는 없지만, 환전수수료와 환율 스프레드(Spread) 비용 등이 발생한다.

Brazil Bond ETF or Fund
Vanguard Emerging Markets Government Bond ETF (VWOB)
WisdomTree ELD (Emerging Markets Local Debt Fund)
iShares J.P. Morgan EM Local Government Bond UCITS ETF
SPDR Bloomberg Emerging Markets Local Bond ETF
DWS Brazil Bond Fund
USD Emerging Markets Government Bond UCITS ETF
미래에셋 브라질하이인컴채권 증권자투자신탁[채권]
WisdomTree Brazilian Real Strategy(BZF)

브라질 채권 ETF 및 Fund 〈구. Fund Supermarket〉

LEMB ETF 가격차트 〈SeekingAlpha.com〉

그래서 여유롭게 헤알화가 강세일 때만 거래하면 지혜롭고 슬기롭다고 누차 강조하였다. 즉, 아직까지는 브라질 채권 ETF가 덜 발달하여 있으므로 패스하도록 하자. 괜히 브라질 보러 왔다가 신흥국이나 엉뚱한 데로 빠질 수 있기 때문이다. 이 둘을 조금 네이티브하게 설명하자면 여행사 가이드 끼고 여행을 갈 것인지, 아니면 자유여행으로 갈 것인지 정도로 비유할 수 있을 것이다.

관련 ETF들은 대부분은 국내 상장 ETF가 아니라, 해외 상장 ETF이기 때문에 국내 상장 ETF와 같은 세법상의 매매차익 비과세 혜택도 받을 수 없다. 또한 해외 ETF 매매차익이기 때문에 양도소득세(기본공제 250만 원 후 22% 과세)가 적용되고, 15.4%의 배당소득이 과세된다. 이자수익, 자본수익, 환차익의 트리플 비과세인 브라질 국채와 비교가 된다.

홍콩 봉이 김선달도 울고 갈
연 12%

10년 전에 증권가의 심장부인 여의도 IFC몰 빌딩의 월세 1억짜리 사무실에서는 증권가와 보험업계, 그리고 은행권을 포함한 금융업계 전체를 그야말로 깜짝 놀라게 한 제2의 조희팔 사건이 터졌다.

IDS홀딩스의 일명 '홍콩 봉이 김선달'은 월 1%의 수익금을 지급하는 조건으로 1만 2천 명으로부터 1조 1천억 원을 불법으로 모집하여 기소된 사건이 있었다. 내용을 간단하게 줄이면 투자원금은 그대로 유지되고, 연 12%에 해당되는 수익금을 지급한다는 것이다. 매월 투자원금의 1%에 해당되는 수익금이 선지급 되기 때문에 연간 세전 은행 환산수익률은 연 약 14% 정도에 해당된다. 즉, 투자금이 1억이면 월 100만 원이 수익금으로 지급되는 것이다.

장기간의 계속된 금리 인상으로 인하여 브라질 국채의 가격은 100헤알을 기준으로 하여 매수단가가 83헤알 정도까지 떨어져 있었다.

'100 : 83 = X : 10,000, X= 12,048'이므로, 10억 원으로 브라질 국채를 매수하면 현재 매수단가가 떨어져 있어 약 12억 원을 매수하는 셈이 된다. 그럼 10억이 아니라, 액면가 12억 원을 기준으로 하여 6개월마다 4.88%인 58,560,000원이 비과세로 20회가 지급되는 것이다. 만기까지만 보유하면 액면가 12억의 원금도 그대로 살아 있다. 이것이 이표채의 기본적인 이자(Coupon)지급 방식이다.

연간 1억 1,712만 원이 지급되므로, 현 시점 전후에서 매수단가가 83헤알 정도로 10억 원을 브라질 국채에 투자하면 이자(Coupon)로 세후 12% 정도는 지급이 된다. 물론 헤알화의 가치가 준(準) 바닥권에서 상승하고 있기 때문에 만기에 투자자에게 상환되어 지급되는 액면가 약 12억 원에 해당되는 달러화나 헤알화는 원화로 환전이 되어도 12억 원보다 밑에 있기가 힘들고, 투자원금 10억 원에 대하여는 환차손을 보기 힘든 시기라 할 수 있다.

그런데 10년 후에는 헤알화의 가치는 더 높은 위치에 있을 가망성이 훨씬 더 크다. 굳이 불법 다단계에 투자할 필요가 있겠는가? 브라질 국채에 직접 투자하라. 현재 대한민국의 자본주의는 각개전투의 전쟁터가 아닌가? 즉, 제도권에 있는 예금이나 적금뿐만 아니라, 비제도권에 있는 불법 다단계 등을 모두 깡그리 기피해야 한다.

매월 지급이 되는 월 1%에 해당하는 연 12%에 열광하여 수많은 사람들이 신용불량자가 되었거나 일부의 목숨을 앗아가는 등 큰 피해를 보았다. 너무나도 안타깝게 생각한다. 하지만 현재 시점의 브라질 국채 표면금리 연 10% 6개월 이표채를 피해자들이 지금 접할 수 있었다면 얼마나 좋았을까 하는 아쉬움이 크게 남는다. 그래서 현재 시점에 필자가 여러분에게 브라질 국채에 관한 하나에서 백까지를 전달하고자 하는 의의가 매우 크다고 할 수 있다. 그만큼 국내 투자자들이 원하는 안정적인 연 12%의 갈증은 매우 크기 때문이다. 현재 시점 이후의 브라질 국채에서 그 해답을 이 책이 제시하고 있다고 본다.

3부

미래를 여는 열쇠는 바로 헤알화!

헤알화의 미래에 베팅하라!

헤알화(Real Currency)의 미래

　15년 만에 브라질 국채의 존재가 부각되면서 다시 헤알화가 관심을 받고 있다. 한국의 통화(Currency)를 원화(Won 貨)라 하듯이 브라질의 통화 'Real'을 브라질의 언어인 포르투갈어로 읽으면 '헤알(Real)'이라서 한국어로는 '헤알화(Real 貨)'라고 읽고, R$로 표시하며, 1994년 헤알화를 출시하여 인플레이션 문제를 성공적으로 해결하였다. 세계적인 통화로는 달러, 유로, 엔, 파운드, 위안, 프랑, 호주, 캐나다, 홍콩 달러 등이 있다.

　국제 금융시장에서 브라질의 공식 통화인 헤알화(BRL)는 신흥국 통화 중에서도 변동성이 아주 심한 편에 속한다. 과거에 10년간 1헤알에 약 700원 언저리에서 약 200원 대로 1/3이나 하락하면서 헤알화는 환율 변동성이 심한 통화의 대명사가 되어 버렸다. 즉, 환율변동 위험이 매우 컸었다. 하지만 현재 1헤알은 250원 정도로, 국내에서 투자하기에 손색이 없는 준(準) 바닥권일 뿐만 아니라, 안정적으로 횡보하며 미래의 초석을 다지는 중이다. 1/3토막 이상의 하락도 반드시 끝이 있기 마련이다. 한국과 브라질 사이의 실질금리가 크게 차이 나는 것도 캐리 트레이드(Carry Trade) 관점에서는 선진국의 저금리 자본이 브라질로 유입될 것이기 때문에, 헤알화는 결국 강세의 흐름을 탈 수밖에 없다.

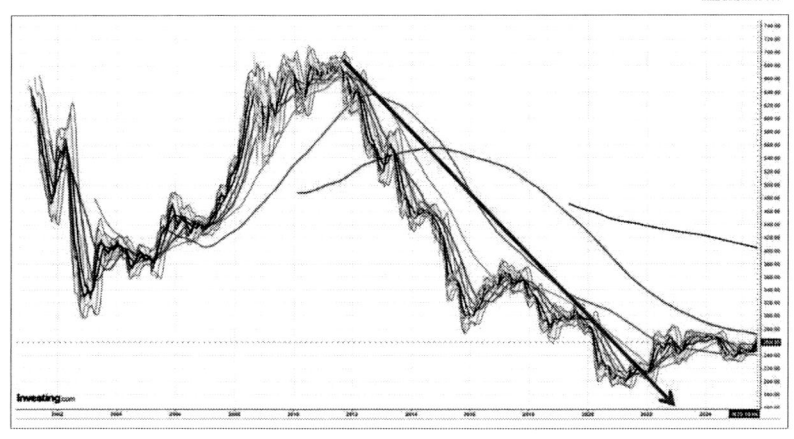

헤알화/원(BRL/KRW)의 환율. 역사적 주봉 차트 〈인베스팅닷컴〉

과거에 헤알화/원의 환율 변동성이 심했던 이유는 금리가 높은 신흥국이 급성장하여 관심을 받으면서 외국 자본이 급격히 유입되었다가 다시 빠져나가는 과정에서 발생한 신흥국 통화 변동성 특유의 지극히 자연스러운 현상이다. 각국의 통화마다 고유한 성질과 특성이 있겠지만, 현재와 앞으로는 꾸준히 차곡차곡 바닥을 다지면서 우상향하여 원화 대비 헤알화의 가치는 상승할 수밖에 없다. 헤알화의 가치를 이해한다는 것은 브라질 국채에 관한 시장의 의미와 흐름을 이해하는 것과 같다.

45억 년 전에 지구가 탄생하여 지금의 현대사회에 도달한 것처럼, 신흥국의 환율 변동성도 때에 따라 기질의 차이가 있다. 물론 선진국의 통화에 비하면 환율 변동성이 약 2배 전후 정도로 심한 편이지만, 과거에 비하면 눈부실 정도로 많이 안정되었고, 유동성이 풍부하게 증가하였으며, 거래량이 늘어난 부분은 부인할 수 없는 사실이다.

한편, 국제시장에서의 헤알화는 금융시장이 출렁이면 쉽게 약세로 전환되고, 원자재 슈퍼사이클이 도래하면 강세를 보이는 경향이 있다. 물론, 헤알화의 체력이 아주 많이 좋아져서 과거와 같이 변동성이 심하지는 않고, 현재는 그러한 때가 아니라는 점이다. 그래서 때와 시기가 중요하다.

게다가 원자재 슈퍼사이클에는 파도를 타듯이 죽 그 흐름을 타고 가는데, 점점 브라질에는 유리한 환경이 조성되고 있어 헤알화의 가치가 꾸준히 우상향하고 있다. 현재의 브라질 국채는 리스크가 거의 최소화되어 있다고 해도 과언이 아니다.

한국에 거주하는 개인 투자자는 트리플 B 과세 혜택을 모두 받는다. 반드시 한국에 거주해야 한다. 그래서 결국에는 원화로 마무리 되는 경우가 많으므로, 헤알화/원(BRL/KRW)의 환율 즉, 매수 시점에 1헤알화가 250원일 때 10억 원을 매수하였는데, 만기에 1헤알화가 250원이면 10억 원을 찾아도 이론상으로 그대로 10억 원이다. 하지만 헤알화의 가치가 125원으로 떨어져 있다고 가정할 때, 10억 원을 찾아 환전하면 이론상으로는 약 5억 원이 된다. 반면에 헤알화의 가치가 500원으로 올라 있다고 가정할 때, 10억 원을 찾아 환전하면 이론상으로는 20억 원이 된다. 그런데 현재는 헤알화가 1/3토막이 나서 준(準) 바닥권에서 길고 길었던 10년간의 하락 추세를 이탈하여, 5년간 횡보의 시간을 보내고 있다. 계속해서 과거에 있었던 타인들의 악몽에 연연하면 안 된다.

1헤알(Real) 동전과 지폐 〈네이버〉

이에 아울러, 국제무대에서 헤알화는 아시다시피 무조건 기축통화인 달러(USD)를 기준으로 하여 관계성이 정립된다. 브라질 국채도 크게 분류하자면, 국제시장에서 해외 투자자를 위한 달러 표시 브라질 국채가 있고, 현지의 헤알화 표시 브라질 국채가 있다. 물론 표면금리는 리스크 만큼의 차이가 있기에 헤알화 표시 브라질 국채가 훨씬 더 높다.

달러화(Dollar Currency)는 모든 통화의 중심에 있다. 헤알화와 달러화의 관계에서는 통상적으로 중심에 있는 달러화를 기준으로 한다. 현재 1달러가 6헤알이라 가정하고, 1달러 1장이면 1헤알짜리 동전 6개의 가치에 해당된다는 의미이다.

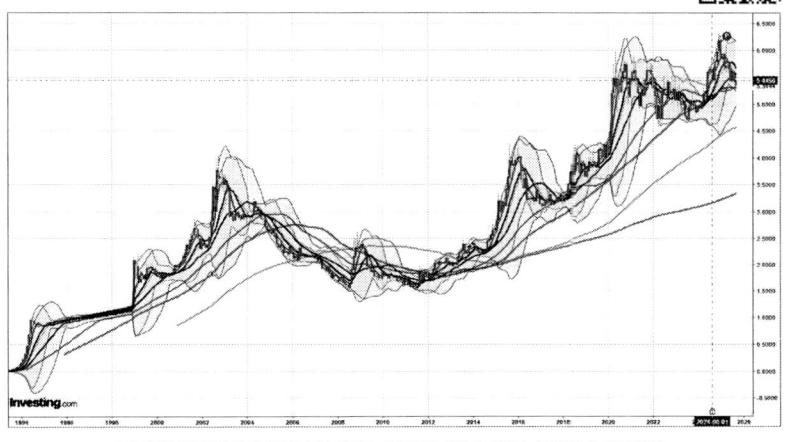

달러화/헤알(USD/BRL)의 환율. 역사적 월봉 차트 〈인베스팅닷컴〉

앞서 브라질 헤알화의 가치는 꾸준히 상승할 수밖에 없다고 하였다. 전 세계 각국의 통화는 각각 서로서로 그물망(Network) 형태로 복잡하게 작용하고 있다. 1차원적으로 단편적인 관계가 아니라는 뜻이다.

아주 간략하게 설명하면, 1달러로 1헤알 동전 6개를 바꿀 수 있었다고 가정하였다. 앞으로는 헤알화의 가치가 올라가면서, 미래에는 1달러로 1헤알 동전 5개밖에 바꾸지 못하게 되거나 1달러로 1헤알 동전 6개를 바꿀 수 있어도, 타국 통화와의 환율 관계에서 달러가 강세로 작용하면 타국 통화로는 더 많이 바꿀 수 있게 된다. 즉, 기본적으로는 달러화/헤알(USD/BRL)의 환율이 상승하면 그만큼 헤알화의 가치는 떨어지고, 반대로 떨어지면 헤알화의 가치는 상승하게 된다. 현재 1달러는 5.5헤알 정도에 해당하고, 달러도 독립적으로 움직이고 있지만, 달러화/헤알에서는 달러와 헤알과의 관계만 놓고 환율이 정해진다.

2010년부터 1헤알이 700원 언저리에서 10년간 200원 대로 떨어져서 헤알화/원의 환율이 크게 하락하였다면, 1달러는 약 1.5헤알에서 10년간 6헤알까지 헤알화 대비 달러의 가치가 4배나 상승하였다. 과거에 700원 하던 1헤알을 지금은 250원이면 살 수 있으므로, 헤알화의 가치가 원화를 기준으로 하면 약 1/3 정도로 떨어진 것이고, 1.5헤알 하던 1달러를 6헤알이나 줘야 살 수 있으므로, 헤알화의 가치가 달러를 기준으로 하면, 약 1/4 정도로 떨어진 것이다. 즉, 헤알화는 이러나저러나 1/2 이상 급락하여 횡보를 하는 중이다.

전 세계 외환시장의 알고리즘과 프로그램 매매 및 외환 트레이더들의 기술적인 시스템 트레이딩이나 기타 변수 등이 충돌하면, 달러와 헤알의 관계에서는 달러의 가치가 상방 압력을 받는 데에 무리가 있고, 헤알화의 가치는 조금씩 나아질 수밖에 없다. 이것이 지금의 현실이자 사실이다.

그래서 배당 포트폴리오에 브라질 국채를 넣어도 월 지급식 미국 배당주와 비교를 해 보아도 전혀 손색이 없을 뿐만 아니라, 월등히 뛰어나다. 이에 아울러 배당금으로 간주할 수 있는 6개월마다 지급되는 연 10% 대의 고금리 브라질 국채 이자(Coupon)는 전액 비과세이기 때문에, 다른 자산들의 이자소득과 배당소득에 합산되어 과세 표준을 증가시키지 않는다. 전 세계에서 세금을 많이 내는 나라 중의 하나인 대한민국의 과세 체제로부터 탈(脫) 중앙화되어 있고, 독립적이다. 자산이 많은 사람일수록 앞으로 이 부분을 잘 활용해야 한다.

달러화/헤알의 환율은 기술적으로도 정배열 후반부에 해당되어 어쩔 수 없는 조정이나 횡보의 시간이 필요하기에 일방적인 상승이 멈춘 것이다. 무턱대고 현 상황에서 계속하여 헤알화 대비 달러의 가치가 올라가기는 힘들다. 시간이 필요하다. 달러가 좋지 않다는 의미가 아니다. 이처럼 헤알화의 가치는 올라갈 수밖에 없으므로 현재의 때(시기)와 앞으로 환차손을 입게 될 리스크는 매우 낮다고 볼 수 있다.

과거 10년 이내에는 500원 하던 1헤알이 250원대로 떨어져 있어, 약 -50%가 되었다. 반면에 250원 하는 1헤알이 500원이 되려면 100%인 두 배에 해당하는 상승률의 에너지가 필요하다. 그래서 과거에 700원대에서부터 하락하였다고 하여, 무턱대고 700원이 되지는 않는다. 250원이 700원이 되려면 180%인 약 200%에 가까운 상승 에너지가 발생하여야 한다. 아주 많은 시간과 에너지가 필요한 것이다. 이것은 금융시스템의 내부에서 작용하고 있는 원리이기도 하다. 단기간 내에는 불가능하다고 보아도 무방하다.

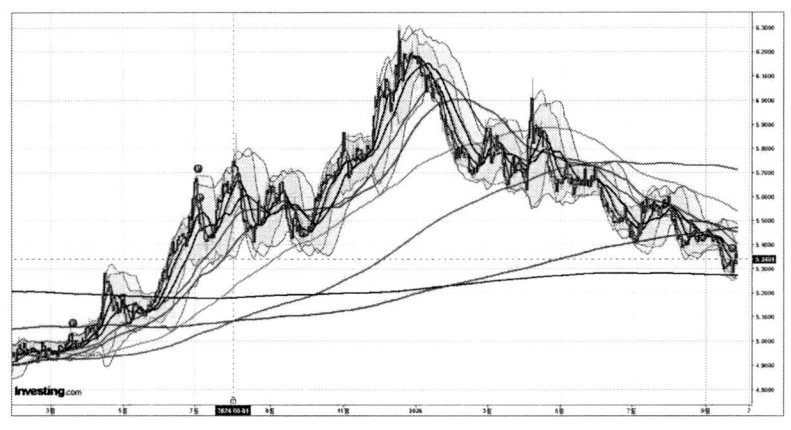

달러화/헤알(USD/BRL)의 환율 일봉 차트 〈인베스팅닷컴〉

하지만, 필자는 이 책을 읽는 독자 분들께 15년 전이 아닌 현재의 시점에서 전략적으로 내용을 소개하여 전달하고 있지 않은가? 연 10%의 표면이율에 해당되는 고금리가 지급되기 때문에 상대적으로 든든하겠지만, 브라질 국채는 헤알화/원의 환율이 어떤 위치에 있느

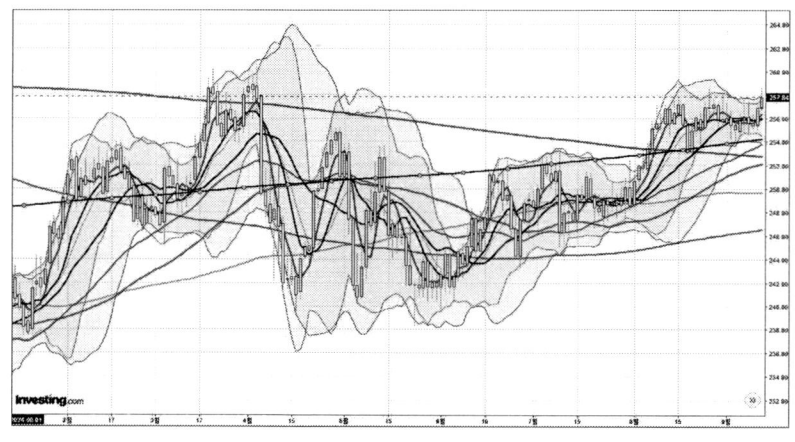

헤알화/원(BRL/KRW)의 환율 일봉차트 〈인베스팅닷컴〉

나에 따라 투자의 성패를 좌우한다. 이것이 바로 핵심이다. 그렇다면 이 책을 읽는 독자 분들은 일단 절반은 성공한 셈일 것이다.

각국 간의 복잡하게 얽히고설킨 환율 관계를 종합하여 판단하였을 때, 꾸준히 그리고 천천히 우상향할 수 있다는 점은 분명하다. 시장의 시스템은 항상 옳기 때문이다. 신흥국의 환율 특성상 중도에 환율 변동성은 당연히 있을 수 있다. 하지만, 시장 환율의 큰 흐름은 단 며칠 만에 끝나지 않는다. 현재 이후의 중장기적으로는 환차손의 영향이 크게 미치기 어려운 환경이다. 예를 들면 만기까지 보유하여 12억의 액면 수량에 해당하는 금액이 상환되어 12억을 원화(KRW)로 환전해도 12억보다 아래에 있기가 힘들다는 뜻이다. 이런 상황을 두고 손자병법에서는 이겨 놓고 싸운다고 한다.

Mid Forex 헤알화/원의
장기 환율 전망

  헤알화/원의 환율은 글로벌 외환(Forex)시장에서 지속적인 거래를 통하여 결정되고, 매일 수십억 달러가 거래된다. Mid Forex 2025~2075년 헤알화/원 장기 환율 전망에 따르면, 2035년 정도에 약 300원 선을 오가고, 2075년 정도에는 약 450원 선을 오가게 된다.

  간단하게 요약하면, 브라질의 헤알화/원의 환율은 10년 동안 약 700원 언저리에서 200원대로 급격히 하락하였고, 5년간 횡보하였으며, 현재 255원에서 앞으로 장기적인 50년 동안에도 꾸준하고 완만하게 440원대까지 상승하게 된다는 것이다. 10년간의 하락 추세를 이탈하여 앞으로는 횡보 후 꾸준히 완만하게 우상향할 수밖에 없다는 것과도 일치한다. 하지만, 항상 그래 왔듯이 시장은 생각하는 것보다 더 높이 올라가고, 생각하는 것보다 더 밑으로 떨어지는 경향이 있다.

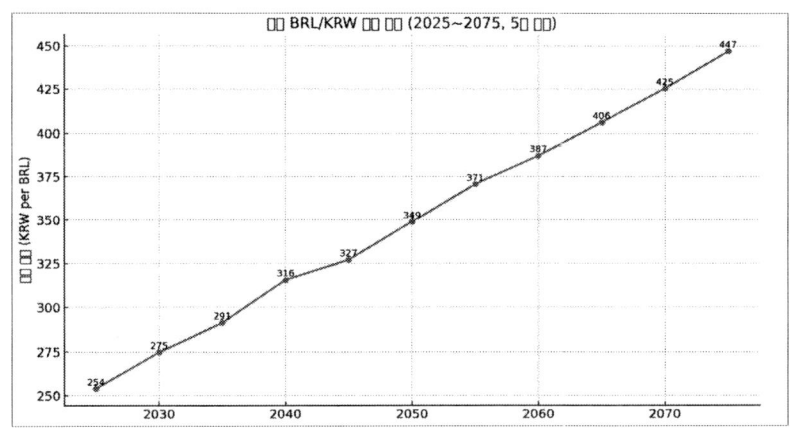

Mid Forex 헤알화/원 환율 예측 요약 〈Mid Forex.com〉

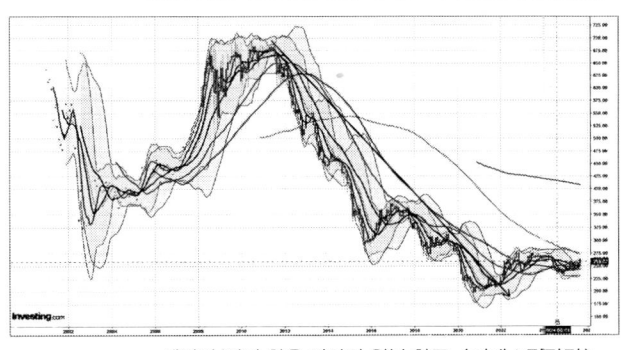

헤알화/원의 환율 역사적 월봉 차트 〈인베스팅닷컴〉

Mid Forex 헤알화/원 장기 환율 전망 〈Mid Forex.com〉

3부 미래를 여는 열쇠는 바로 헤알화! 151

약 700원 언저리에서 200원대까지 급격히 하락한 것에 비하면 기술적으로도 400원대라는 금액은 크게 무리가 가는 것도 아닌 금액이다. 그래도 700원대까지는 바로 회복이 안 된다. 700원까지는 약 180%의 상승(수익)률이 필요하기 때문이다.

위의 분석은 과거 데이터와 알고리즘 모델을 기반으로 한 장기 예측을 하고 있다. Mid Forex의 예측 시스템은 정보 제공을 위한 것일 뿐 보장되지는 않는다고 한다. 하지만, 많은 근거들이 이를 뒷받침해주고 있다. 시장이 주는 메시지는 여전히 변함없이 동일하다. 시간을 들여 생각해 보면 아주 분명히 드러난다. 채권은 신용이다. 현재 브라질의 국가 신용도도 점차 회복되고 있는 상황에서 헤알화/원의 환율은 매우 안정적인 위치로 손색이 없다. 이것이 사실이다.

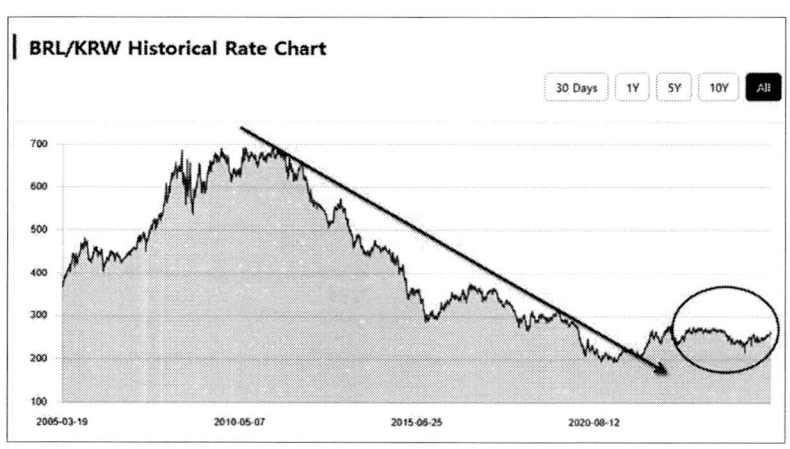

헤알화/원(BRL/KRW)의 역사적 환율 차트 〈MidForex.com/forex/brl-to-krw-forecast〉

금리와 헤알화의 숨겨진 관계

일반적으로는 금리를 인하하면 헤알화도 약세를 띠고, 금리를 인상하면 헤알화가 강세를 띠는 경향이 공식화가 되어 있다. 하지만, 공식처럼 딱 들어맞지는 않는다. 역사적으로 살펴보면 예외적으로 금리를 인하해도 헤알화가 강세를 띤 적이 몇 번 있고, 금리를 인상해도 헤알화가 약세를 띤 적도 몇 번 있다. 이 쿠분은 금리와 헤알화 간의 단편적인 관계만을 따졌기 때문에 발생하는 오류라고 할 수 있다.

지구에 있는 인간이 굳이 화성에 가려고 하는 이유도 근본적으로는 지구가 몇 천억 년 뒤에 멸망할지도 모르니 이처럼 아름답고 위대하게 진화한 인간이라는 대(代)를 잇기 위함이다. 그리고 지구가 늙고 병들고 자원이 고갈되거나 멸망하면 화성이라는 새로운 땅에는 또 다른 원자재와 에너지가 있기 때문이다. 나아가, 인간은 태양계를 넘어 다른 어떤 곳으로 가게 될지도 모른다.

그렇다면 한편으로는 과연 과학기술을 지닌 국가가 가치가 있겠는가? 원자재나 에너지가 풍부한 브라질이 더 가치가 있겠는가? 이런 질문을 할 수도 있을 것이다. 확실한 것은 현재 헤알화의 가치가 바닥을 찍은 시점에서 최소한 브라질의 입지에 대한 가치나 근본적인 위상이 더 떨어지기는 쉽지 않다는 것이다. 이는 이미 자본주의의 복합적인 외환 시스템이 간증하여 대답해주고 있다. 금리 인하나 금리 인상에 큰 관계없이 헤알화 특성상 근본적으로 적절한 변동성은 있을 수 있겠지만, 결론적으로는 헤알화의 가치가 꾸준히 우상향할 때(시기)라는 것을 말이다.

물론 앞으로 금리 인하 형국으로 들어가면서 브라질 국채 가격이 오르면 채권을 매도하여 자본차익을 비과세로 가져갈 수 있는 선택지도 있다. 하지만 채권을 매도하게 되면 채권 가격이 저렴할 때 할인된 액면가로 인한 높은 이자를 더 이상 받을 수 없게 되는 것도 행복한 문제라 할 수 있다. 즉, 브라질 국채라는 자산을 통하여 표면금리 연 10% 대의 어느 정도 예측 가능한 큰 인컴(Income) 수익을 얻어가는 데 있어, 이래도 저래도 큰 문제는 없다는 것이다.

12월 20일, 7월 20일 이전에
일단 매수하라

통상적으로 브라질 국채의 이자는 연 2회 1월 1일과 7월 1일에 지급된다. 이자 지급일이 정해져 있는 것이다. 이자가 지급되면 이자락이 발생한다. 배당주의 배당으로 비교하면 6월 말과 12월 말에 지급되는 반기 배당에 해당되고, 배당락이 발생하며 배당 기준일로부터 약 두 달 뒤에 지급되므로, 지급되는 시기는 얼추 두 달 정도 차이가 난다.

중장기적으로 브라질 국채를 보유할 계획이라서 이자 지급일이 임박해 있다면 이자 지급일 지나서 매수하지 말고, 무조건 이자 지급일 이전에 매수하자. 약 5%에 해당되는 이자를 받고 시작하기 때문에 심리적으로도 안정적이고, 기분도 좋게 시작한다. 6개월 먼저 받는다는 것은 기간적으로 아주 큰 혜택임이 분명하다. 꼭 이자 지급일 전에 맞추어 매수할 필요는 없지만, 날짜가 임박하였다면 사전에 미리 매수하는 것이 무조건 유리하다. 주식에서는 모름지기 일단 수익을 올려야 하고, 브라질 국채에서는 일단 고금리 이자를 받고 시작해야 한다. 백문불여일견(百聞不如一見)이다. 우선 이자를 받아보도록 하자. 물론 이자 지급일 후에 매수하게 되면 이자락의 크기 정도 전후만큼 저렴하게 매수를 할 수는 있지만, 대부분은 결국 다시 이자락을 거의 메꾸게 된다.

국내 배당주의 경우에는 배당을 받으면 배당소득이 과세되기 때문에 개개별로 상황 차이에 따라서 조절할 필요가 있다. 하지만, 브라질 국채는 이자소득도 과세의 의무가 없고, 매매를 통한 자본차익도 과세의 의무가 없어서 모두 비과세이기 때문에 이 둘의 차이에 대하여 크게 의미를 두지 않고, 받을 수 있는 이자소득(Coupon)은 일단 먼저 받으면 된다.

해마다 차이가 있지만, 이자 지급일의 약 일주일 전쯤부터는 매수가 불가능하다. 예를 들어 2025년에는 6월 23일부터 7월 3일까지는 매수 불가 기간으로 증권사에서 공지가 내려왔다. 즉, 현지에서의 이자 지급일이 7월 1일이므로 일찌감치 6월 20일 정도 이전에는 매수해야 약 5%에 해당되는 이자를 먼저 받고 시작하는 셈이 된다. 일반적으로는 이자 지급일에 근접할수록 브라질 국채의 가격이 우상향하지만, 그렇지 않은 경우도 있다.

보통 이자소득이 과세되는 경우에는 이자를 많이 받아 보았자 과세 대상만 늘어나게 되지만, 이자소득이 100% 비과세이기 때문에 약 5%의 이자를 먼저 받는다고 하여 과세로 인한 부담이 전혀 없다. 일단은 중단기 이상의 보유를 할 것이기 때문에 먼저 이자를 받아도 나쁠 것이 없다. 현재 헤알화/원의 환율이 크게 문제가 없다. 그렇다면 시간이 지나면서 브라질 국채의 이자를 받으던 받을수록 받은 이자가 투자원금에 육박하게 된다.

시작하자마자 첫 번째 이자를 받았는데 겨우 5개월이 지났음에도 불구하고 또 약 5%에 해당되는 이자를 받게 되기 때문에, 사실은 총 기간 약 6개월 남짓 되는 기간 만에 약 10%의 이자를 먼저 받고 시작하는 셈이 되는 것이다. 이 부분은 자금의 활용 부분에서 매우 매력적이라고 할 수 있다. 예를 들면 10억을 예치하고, 6개월 만에 이자소득 약 1억 원 정도는 사용하고, 나머지는 계속 재투자해도 원금에 심한 손상이 가지 않고 1억 원을 사용한 셈이 된다. 물론 이자락은 결국 대부분 다시 채워지게 되므로, 신경쓰지 않아도 된다.

만약 브라질 국채의 가격이 올라서 약 6개월 만에 매도하였다고 가정하면, 겨우 6개월 남짓한 기간 동안 이자를 약 10%나 받고, 미미한 자본차익까지도 얻어갈 수도 있게 되는 셈인데, 모두 비과세 된다. 지급되는 금액은 배당이 아니고 이자임에도 불구하고, 기간에 관계없이 1월 1일과 7월 1일에는 무조건 지급이 된다.

The early bird catches the worm!

그래서 브라질 국채에서의 얼리버드 효과는 의외로 생각보다 아주 크다. 약 6개월 남짓 되는 기간을 넘기면 일단 연 10%의 비과세 이자를 받게 되니까 말이다. 현재와 같이 헤알화가 안정적이고 문제가 없으면 이자는 무조건 빨리 받는 것이 유리하다고도 할 수 있을 것이다.

한편, 브라질 현지에서 예를 들어 7월 1일에 이자가 지급되면 실제로 내 계좌에는 약 3~4일 정도 안에 들어온다. 7월 1일부터 3일까지는 계좌 준비 기간으로 매수가 불가능하고, 다시 7월 4일이 되면 브라질 국채의 매수가 가능해진다. 그래서 일단 매수하면 약 6개월 동안 연 10% 정도는 먹고 들어가고, 세전 은행 연 환 수익률로는 연 15% 정도를 먹고 들어가는 셈이다.

쿠폰 이자는
일단 환전하지 마라

    브라질 국채의 이자를 받을 때 헤알화, 달러화, 원화 중 원하는 통화를 미리 선택할 수 있다. 주로 헤알화나 달러화로 선택할 수 있고, 원화는 달러화에서 한 번 더 다시 원화로 환전하는 개념이라고 보면 된다.

    브라질 국채의 이자로 생활할 때는 가능한 한 약간의 여유 현금을 준비해 두는 것이 좋다. 이자가 매월 지급되는 것이 아니라, 6개월마다 지급되기 때문이다. 그리고, 물론 헤알화의 가치는 점점 올라갈 수밖에 없으므로 큰 관계는 없지만, 그 짧은 구간 내에서 헤알화를 달러화나 원화로 환전하면서 불리해지는 경우는 있을 수도 있다.

    브라질 국채를 매수할 때는 '원 → 달러 → 헤알'로 2차례의 환전이 필요하고, 원리금 지급이나 매도할 때도 '헤알 → 달러 → 원'으로 내부적으로는 2차례의 환전이 필요하다. 어차피 헤알화의 가치는 올라간다고 누차 반복하였다. 기억하라. 헤알화는 매우 저평가되어 있다.

그래서 매번 급하게 무조건 환전하지 말고, 이자(Coupon)는 일단 달러화나 헤알화로 받아서 그대로 두고, 이자로 지급된 통화가 약세일 때에는 추가로 브라질 국채를 매수하는 것도 괜찮다. 보유하고 있는 원화를 사용하여 우선 생활비를 대체한다. 한편, 추가로 브라질 국채를 매수하지 않더라도 헤알화나 달러화를 보유하고 있다가 통화가 강세일 때에 환전하는 스텝을 이어가면 이익의 현상들이 추가적으로 선순환 된다.

10년간 급하게 환전하여 깎인 수익률만 해도 크게는 많이 차이가 날 수 있다. 항상 뭐든지 급하면 안 된다. 특히 신흥국 통화와 관계된 일은 한두 박자 여유롭게 진행해야 한다. 어차피 헤알화는 우상향이다.

현금으로 생활비를 사용하고, 브라질 국채에서 파생된 이자는 재투자를 해보자. 현 시점에서는 꾸준히 헤알화의 가치가 올라갈 수 있기 때문에 계속 재투자를 하는 것도 아주 좋은 방법이다. 자동 재투자 기능은 증권사별로 상이한데, 중요한 부분이 아니다.

지금 10억으로 10년 뒤
강남 아파트를 살 수 있을까?

한편, 지금 3억으로 어떻게 하면 10년 뒤 서울 아파트를 살 수 있을까?

장기간의 고금리 기조가 이어지면서 브라질 국채의 가격도 내려갔기 때문에, 약 10억을 매수하면 할인된 발행 효과가 일어나 액면 수량이 약 12억 정도의 가치에 해당된다.

표면금리가 연 10%이지만, 6개월마다 지급이 되는 이표채는 사실상 6개월이 먼저 지급되므로, 12억의 약 5%인(정확히는 세후 4.88%에 해당하는) 58,560,000원이 매년 1월 1일과 7월 1일에 브라질 현지에서 지급 처리되어 2~3일 이내에 달러화나 헤알화로 계좌에 들어오게 된다. 환전은 필요시 상황을 보고 천천히 하면 된다고 하였다.

이처럼 12억의 액면 수량에서 지급되는 10년간의 이자소득은 약 12억 정도가 된다. 매번 들어오는 58,560,000원을 계속 그대로 재투자하였을 경우 환율 변동이 없다고 가정 시에 10년 뒤 12억의 약 50%가 더해져서 이자를 계속 재투자하였을 경우, 이론적으로 원리금은 약 17~18억 정도가 된다.

여기에다가 만약 10년 뒤의 만기까지 브라질 국채를 보유할 시에는 액면가인 12억이 지급된다. 헤알화는 1년 이내에도 1회 이상 약세에서 강세로, 그리고 강세에서 약세로 순환한다. 헤알화 환전은 반드시 강세 때 하면 유리하다. 환율 변동 없다고 가정 시 헤알화나 달러화가 초강세를 띨 때 원금과 재투자 금액 전량을 매도하면 '12억 + 18억'이므로, 세후 약 30억 정도가 확보될 수 있다.

한편, 마지막으로 가장 큰 문제인 환위험이 남아 있다. 헤알화/원의 환율은 2010년대의 약 700원 언저리에서 10년 동안 끊임없이 급하락하여 현재 2025년에는 준(準) 바닥권인 250원대에서 지루하게 횡보하고 있다.

여태껏 설명한 여러 가지 정황과 각종 근거로 말미암아, 10년을 넘어 앞으로의 미래에는 헤알화의 가치가 우상향할 수밖에 없는 상황에 직면해 있으므로 과거와 같이 환차손이 나기 어려운 상황이다. 그래서 앞으로 브라질 국채에 대한 포트폴리오는 계속 유효하다. 브라질의 신용도 또한 많이 상승하였고, 더욱 좋아질 예정이라고 많은 지표들이 말해 주고 있다.

전액 비과세에 해당하는 약 30억 정도를 찾는 시기에 환전수수료

등을 제하고서도 1헤알이 280원일 경우에는 최소 약 32억, 290원일 경우에는 최소 약 34억, 300원일 경우에는 최소 약 36억 정도 전후 또는 그 이상이 될 수도 있다.

바닥에서 탈출하는 브라질의 행보를 보자면, 약 10년 뒤 더욱더 헤알화의 강세가 기대된다. 높은 이자율과 재투자, 그리고 자본차익과 환차익까지가 모두 비과세되기 때문에 약 300%가 넘는 수익률이 될 수도 있다. 그래서 단순히 크다기보다, 남미 쵀고의 경제 강국이자 자원 부국인 신흥국 대장 즉, 브라질의 국채에 있어서 약 15~20년 만에 오는 매우 소중하고 특별한 기회라는 것이다.

위의 내용은 수익률 보장행위가 절대 아니라는 점을 명심하길 바란다. 하지만, 현재 헤알화/원의 가치는 점점 올라갈 수밖에 없는 때(시기)라는 것을 브라질 국채의 전반적인 지표들을 통하여 이해할 수 있어야 한다. 꾸준히 우상향할 때가 된 것이다.

즉, 10억은 10년 후 약 30억대가 되어 지역 차는 있을 수 있겠지만, 소형 강남 아파트를 매수할 수 있을 것이다. 헤알화가 강세이긴 강세인데 만약 초강세를 띤다고 가정한다면, 표현상 어쩔 수 없지만 약 40억대도 육박할 수 있을 것이다. 물론 그 기간 동안 아파트 가격이 상승할 수 있겠지만, 취·등록세, 보유세, 중개 비용, 유지보수 비용, 수리비용, 대출비용, 양도세를 감안하였을 때 부동산 투자보다 실익이 훨씬 더 클 것이다.

마찬가지로 3억 원으로는 10년 후 약 10억 원 정도가 되어 지역 차가 있겠지만, 서울시의 소형 아파트를 매수할 수도 있을 것이다. 그래서 지금 브라질 국채 10억 원이면 10년 후 강남 아파트를 사고, 3억 원이면 서울 아파트를 산다고 하였다.

마지막으로, 15년 전 대형 증권사를 통한 브라질 국채 판매 홍보에 혈안이 되었을 뿐이지, 여태껏 국내에 브라질 국채에 대한 제대로 된 투자 안내서 한 권이 없었다. 한편, 브라질 국채에 대한 평판은 호불호가 극명하게 갈리게 되었다.

본래는 국내에서 손꼽히는 경제·경영 부문 전문 출판사인 매경출판의 임프린트사에서 필자의 『100억 부자를 만드는 미니멀라이프』와 『배당투자 최적화 더 파이어』를 기획 출판하게 되었다. 이 과정에서 배당투자 포트폴리오의 한 부분에 해당하는 브라질 국채에 관한 내용을 국내 개인 투자자들에게 우량한 정보를 제공할 목적으로 그동안의 모니터링 결과를 집약하여 별도의 특집으로 집필하게 되었다.

투자자 본인의 판단과 책임 하에 최종 결정하기 바라며, 기껏 어렵게 주옥같은 정보를 제공하였는데, 이를 악용하는 사람이 나올 수도 있다. 하지만 어떤 경우에도 이 책은 고객의 브라질 국채 투자에 대한 법적 책임 소재의 증빙 자료로 사용될 수 없음을 명백히 인지하길 바란다.

그럼에도 불구하고, 필자가 이 책을 출간하기로 결심한 가장 중요한 근거 중의 하나는 현재 헤알화/원의 환율 가치가 준(準) 바닥권이라는 사실이고, 이는 환율 시스템적으로도 크게 문제될 것이 없기 때문이다. 모든 일에는 때가 있는 법이다. 지금이 브라질 국채를 매수할 바로 그때이다. 중장기적으로 보았을 때 2025~2026년은 약 20년 만에 오는 아주 귀한 기회이다.

20~50억대의 강남권 아파트 〈네이버 지도〉

브라질 장·단기 국채 수익률 전광판

　'Investing.com'에서 단, 중, 장기 브라질 국채의 이론적인 수익률뿐만 아니라, 브라질 경제의 전반적인 지표와 지수 등을 무료로 한눈에 확인할 수 있다. 브라질중앙은행(BCB)은 높은 물가상승률(Inflation)을 잡기 위해 현재 15%까지 계속해서 기준금리를 인상하였기 때문에, 1년 전보다는 채권수익률도 눈에 띄게 증가하였음을 알 수 있다. (https://kr.investing.com/markets/brazil)

브라질 경제 요약 〈인베스팅닷컴〉

　일반적으로 통화정책의 경로가 불확실한 국면일 때 증권가에서는 장기보다는 단기 채권투자를 통하여 이자수익을 확보하거나, 단기채와 장기채를 동시에 보유하여 장단기를 분산하여 효과적으로 단기 대응을 할 수 있도록 권고하는 경향이 있다. 하지만, 현재는 준(準) 바닥권이라 하였다.

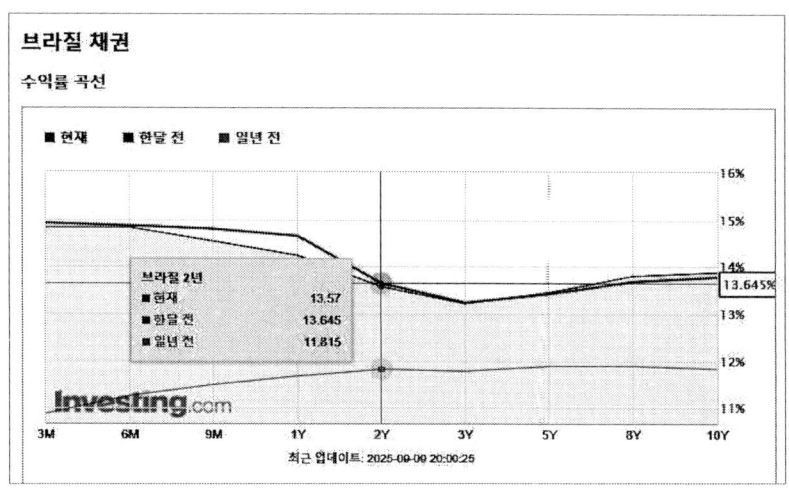

기간별 브라질 채권수익률 곡선 〈인베스팅닷컴〉

종목명	채권수익률	이전	고가	저가	변동	변동 %	시간
브라질 3개월	14.820	14.820	14.830	14.820	0.000	0.00%	00:00:32
브라질 6개월	14.820	14.820	14.835	14.810	+0.005	+0.03%	09/09
브라질 9개월	14.530	14.510	14.535	14.530	+0.020	+0.14%	05:00:25
브라질 1년	14.230	14.205	14.245	14.230	+0.025	+0.18%	05:00:25
브라질 2년	13.570	13.540	13.590	13.570	+0.030	+0.22%	05:00:25
브라질 3년	13.215	13.195	13.240	13.215	+0.020	+0.15%	05:00:25
브라질 5년	13.453	13.462	13.490	13.453	-0.009	-0.07%	05:00:25
브라질 8년	13.800	13.830	13.840	13.800	-0.030	-0.22%	05:00:25
브라질 10년	13.875	13.910	13.925	13.875	-0.035	-0.25%	05:00:25

실시간 가격 바탕의 기간별 브라질 채권수익률 현황 〈인베스팅닷컴〉

브라질 국채의 기간별 실시간 가격 현황을 통하여 기간별 채권수익률 차이 등의 전반적인 채권금리 상황을 파악할 수 있다. 단편적으로는 1년에서 3개월의 단기로 내려갈수록 기준금리인 15%에 가까워진다. 한편, 장기간의 연속적인 금리 인상이 멈추고, 금리동결 구간에서 향후의 금리 인하 가망성이 반영되었기 때문에, 채권의 가격은 상승하게 되고, 채권의 수익률은 반대로 떨어지게 된다.

브라질 국채로 자본이 몰리고
역사는 반복된다

대한민국에서 해외 투자의 발판을 마련하였다고 해도 과언이 아닌 미래에셋 박현주 회장도 과거에 자원 부국 브라질의 성장을 매우 높게 평가하여, 브라질 펀드와 브라질 국채가 인기 가도를 달린 적이 있고, 전 세계의 자본이 브라질의 고금리로 몰렸다. 이때 브라질은 세계의 주요 자산운용사 외에도 한국, 특히 대표적으로 미래에셋을 포함한 대형 증권사에도 크게 감사해야 한다 해도 과언이 아닐 것이다.

브라질은 자원이 워낙 풍부하여, 잠재력이 대우 크지만, 그 잠재력을 다 발휘하지 못한다는 평가를 받아 왔다. 한편, 브라질은 원자재 수출 의존도가 매우 높은 국가이므로, 원자재 가격이 상승하면 수출 수익이 증대되어 경상수지 개선에 크게 이바지하게 될 뿐만 아니라, 헤알화의 가치는 상승하게 된다.

2012년 미래에셋생명 Awards에서 미래에셋 박현주 회장과 함께 〈Photo〉

그뿐만 아니라, 원자재 슈퍼사이클에 돌입하면 단기간의 반등이 아니라, 긴 시간 동안 실제 광범위한 실물 수요로 이어지는 구조적인 상승을 하게 된다. 수출 호조로 경제성장이 촉진되면서 고용도 증가하게 되고, 관련된 투자가 활성화된다.

꽃에는 나비와 꿀벌이 모이고, 미인 주변에는 남자들이 모이기 마련이다. 물은 높은 곳에서 낮은 곳으로 흐르고, 돈은 선진국에서 경제 성장률이 높고 금리가 높은 신흥국으로 흘러 들어간다. 흘러 들어간 자본은 신흥국의 경제성장을 가속화시킨다. 신흥국 중에서 투자의 매력이 가장 넘치는 브라질에 처음만큼은 아니지만, 거의 20년 만에 고도의 관심이 다시 쏠리기 시작하고, 돈이 모이고 있다. 돈 냄새가 나기 때문이다.

국가의 탄력적인 성장은 평균적으로 인간의 한 세대에 해당하는

25~30년 정도의 기간을 두고 사이클이 순환된다. 즉, 아이 한 명을 출산하여 다 키워서 독립시키고 나면, 30년 전 뱃속에 아이를 가졌을 시기에 있었던 압도적인 경제부흥 정책만 한 파급력을 또 경험할까 말까 한다는 뜻이다. 자본이 다시 모인다는 것은 다시 긴 시간 끝에 헤알화의 가치가 상승하는 사이클이 도래하였다는 것을 의미한다. 역사는 반복되기 때문이다.

하지만, 오마하의 현인 워런 버핏은 많은 사람들은 역사에서 배우지 못한다는 사실을 배웠다고 하였다. 이것은 과거에 고평가된 헤알화의 가치가 내재된 브라질 국채에서 환차손을 경험한 사람들이 막연히 두려워하는 것을 보아도 알 수 있다. 한편으로 두려움은 투자자의 가장 무서운 적 중의 하나이다.

지금은 2025년,
10년 전 기사에 연연하지 마라

　헤알화/원의 환율이 700원 언저리에서 200원대로 거의 1/3 토막 이상 하락하는 동안 셀 수도 없는 많은 기사들이 그야말로 미친 듯이 쏟아졌다. 기자들의 기사들을 너무 예민하게 받아들이지 말도록 하자. 나쁜 뉴스는 좋은 기회를 만들어 주기 때문이다. 우리는 수많은 사람들의 실수로부터 더 큰 것들을 배울 수 있었다. 이제는 과도한 두려움이나 부정적인 시각들을 버릴 필요가 있다. 그러다 보니 어느새 새로운 기회가 생겼다.

　과거 브라질 국채 투자자들은 이때의 악몽으로 인하여, 브라질 국채에 대한 인식이 매우 좋지 못한 것이 현실이다. 필자는 기업의 입장은 아니기 때문에 누차 언급하였지만, 초절정의 인기 가도를 달리던 2010년은 물론이고, 근래의 본 프로젝트의 개시 이전까지는 단 한 번도 헤알화/원의 환율 하락 기간에 브라질 국채를 권유하거나 판매한 적이 없다고 하였다. 증권사와 카지노는 수수료를 먹고 살지만, 투자자는 한 번 어긋나면 큰 낭패를 볼 수도 있기 때문이다.

2011년부터 2021년까지 10년간 1/3 이상 하락한 헤알화의 가치 〈Article〉

3부 미래를 여는 열쇠는 바로 헤알화!　173

브라질 국채는 고수익채권(High Yield Bond)이고, 신용등급이 미달하여 정크 본드(Junk Bond)로 분류되지만, 무엇보다 가장 중요한 것은 헤알화/원의 환율이 장기간의 하락 추세라는 서사(敍事)에서 벗어나질 못하고 있었다는 점이다. 처음부터 나쁜 채권은 없고, 브라질 국채가 평생 나쁜 채권이라는 법도 없다. 현실을 직시하고, 고정관념을 버려야 한다.

물론 트레이딩 관점에서 헤알화/원의 환율만 놓고 보면 200원대의 저점에서 매수할 수도 있겠지만, 더 이상 가격이 내려가지 않고 일정 수준을 유지하는 하방경직성이 강해져서 현 가격대가 안전하게 지지가 됨을 확인하고 설파한다. 가격이 싸다고만 해서 무조건 좋은 것이 아니다.

큰 흐름에서의 헤알화는 현재 길고도 긴 하락 추세의 흐름에서 이탈하여 준(準) 바닥권에 위치하여 꾸준히 우상향하려고 횡보하며 준비하고 있다. 필자는 헤알화 가치의 하락 추세가 완벽히 종료되었다는 단서들을 확인했고, 채권 가격 및 금리 등의 종합적인 요소들을 고려하여 과거의 브라질 국채가 아니라, 2025년 현재 및 앞으로의 시점에서 브라질 국채를 잘 이해할 수 있도록 소개하는 것이다.

이런 부분을 제대로 모르기 때문에, 은행이나 증권사의 PB들은 단순히 브라질 국채에 연동되는 헤알화의 변동성이 커서 예측이나 대응을 매우 어려워하는 것이 현실이다. 브라질 국채는 해외 장외 채권이기 때문에, 미미하지만 환전수수료까지 붙는데 그 값은 해야 하지 않겠는가? 미국 국채도 해외 장외 채권이다. 앞으로 헤알화의 중요성이 아주 크고, 그 성질을 제대로 알아야 한다. 금융판 전쟁에서 이순신 장군도 살아 있었다면, 15년이 지난 이제야 한 마디 하였을 것이다. 전군 출정하라! 그렇다. 전장에서도 전군 출정을 해야 할 때가 있는 것이다.

결론은 헤알화

 헤알화/원은 각 중앙은행과 중앙은행의 금리 결정, 전반적인 경제 건전성(GDP, Inflation, 고용), 정치적 안정성, 국제무역 흐름, 헤알화와 원화에 대한 글로벌 투자심리 등과 같은 다양한 시장 요인에 의해 지속적으로 변동한다.

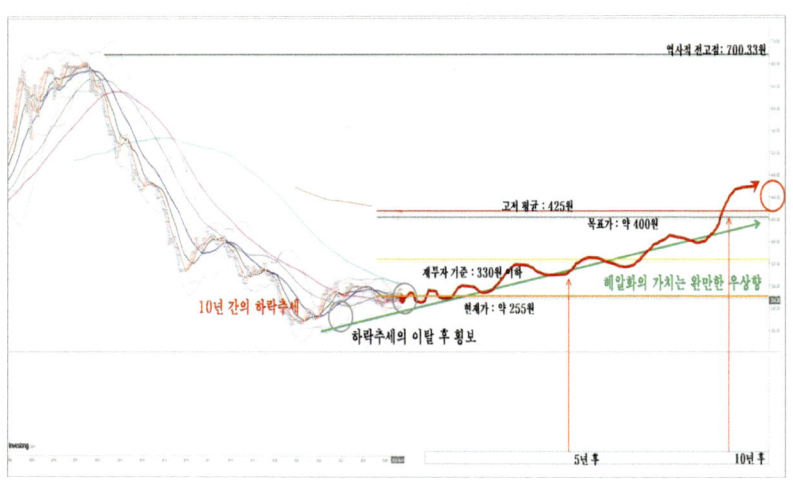

향후 헤알화/원(BRL/KRW)의 환율은 우상향 〈Direct CEO Asset〉

이에 더해서 헤알화/원이나 달러화/헤알의 환율은 각국 통화들의 관계성에 의하여 종합적으로 헤알화 환율의 가치가 결정된다. 브라질 국채의 여러 가지 절세 혜택이나 수익률 등은 매우 우수하다. 하지만, 결국에는 달러화든 원화든 간에, 궁극적으로 헤알화의 가치가 높아져서 강세가 되어야 한다는 것이 가장 중요하다.

본격적으로 헤알화의 상승 흐름이 한 번 시작되면 꾸준히 이어지고, 외국인 매수세도 꾸준히 유입될 것이다. 중기간의 고금리 기조로 인하여 현재와 같이 할인된 가격으로 브라질 국채를 매수하였을 때, 아주 안정적으로 자본차익을 가져갈 수 있는 매력적인 구간이다. 이익으로 변하는 구간에서는 매수세도 들어오게 된다.

물론, 대한민국이 IMF 위기 때 무디스(Moody's) 기준으로 A1에서 Ba1까지 6단계나 떨어졌다가 다시 회복하는데, 15년이라는 오랜 시간이 걸렸다. 이러한 점을 감안하였을 때, 브라질 역시 신용등급이 회복되고 상승하는 흐름은 과거처럼 급격하지는 않더라도 완만하게 꾸준히 우상향하여 헤알화의 가치를 회복하는데 계속해서 영향을 미칠 것이다. 이러한 각각의 요소들이 모두 헤알화/원의 환율을 우상향하도록 일조를 하는 것이다.

필자가 근본적으로 헤알화의 가치를 계속해서 반복해 언급하는 이유는 분명하다. 삼성증권을 최초로 하여 미래에셋증권을 중심으로 한 대형 증권사에서 브라질 국채 판매 개시를 한 이래 이자수익, 자본수익, 환차익을 합친 브

라질 국채의 최종 투자수익률을 판가름하는 결정적인 요소는 첫째도 둘째도 셋째도 넷째도 다섯째도 여섯째도 일곱째도 바로 헤알화 강세의 환율 흐름을 제대로 타는 것이다.

브라질과 한국의 실질금리 차이도 9.7%에 육박한다. 헤알화와 원화 간의 실질금리 차이 확대는 자연스럽게 브라질로 막대한 자본을 끌어들여 헤알화/원의 환율이 헤알화 강세를 띠게 한다. 그뿐만 아니라, 실질금리가 높다 보니 국내에서의 인플레이션 헤지 효과도 있다. 뭐든지 실속이 있어야 한다.

연 10%의 이자수익은 당연하고, 금리 인하기의 채권 가격 상승으로 인한 자본수익과 헤알화 저평가로 인한 무난하고 안정적인 환차익까지 얻을 수 있는 해외채권 투자의 세 축이 수익으로 완벽히 일치한다. 이른바 브라질 국채의 트리플 강세 위에서 트리플 수익의 진짜 파도를 탈 수 있다는 말이다. 가장 문제가 될 수 있는 헤알화/원의 환율 리스크가 현저히 떨어진다. 결론은 헤알화다.

과거에는 비쌌고
지금은 싼 이유

이미 알고 있을 테지만, 미래에셋의 박현주 회장이나 압구정 미꾸라지 윤강로 회장, 그리고 에셋플러스 자산운용의 강방천 회장과 같은 투자의 거물급 귀재 분들도 인정하는 아주 간단한 재야의 '쌀사비팔빼'라는 투자 방법이 있다.

1달러에 1,100원 정도 하던 2010년도에는 1헤알에 600~700원 정도 하였는데, 1달러로 2헤알은 못 사더라도 1.88헤알 정도를 살 수 있었다. 아무리 남미의 대장격인 브라질의 허알화가 초강세라 하더라도 기축통화인 달러와 맞먹으려 하고 있었고, 헤알화의 가치는 지나치게 고평가되어 있었다. 그야말로 헤알화는 비싼 가격이었다.

1달러에 1,350원 정도 하던 2025년 현재에는 1헤알에 255원 정도 하므로, 1달러로 6헤알은 못 사더라도 5.5헤알 정도를 살 수 있다. 아무리 세계 1위 강국인 미국의 달러화라 하더라도 같은 아메리카임

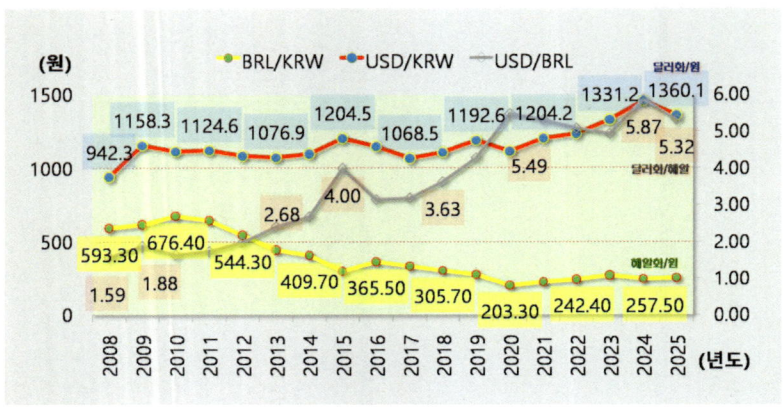

달러/원(USD/KRW), 헤알/원(BRL/KRW), 달러/헤알(USD/BRL) 〈Direct CEO Asset〉

에도 불구하고 상대적으로 헤알화는 터무니없는 헐값이었고, 헤알화의 가치는 처절하게 저평가되어 있었다. 그야말로 터무니없이 싼 가격이라 할 수 있다.

아파트도 마찬가지다. 예를 들어 서울의 한 소형 아파트가 2~3억일 때는 싼 것이지만, 15억일 때는 비싼 것이다. 결국 올라는 간다고 하더라도 너무 많은 시간이 소모된다. 많은 시간이 소모된다는 것은 많은 대출비용이 지출된다는 의미로 실속이 떨어진다는 뜻이다. 비쌀 때와 쌀 때를 구분할 필요가 있다. 즉, 헤알화의 가치는 현재 확실히 저평가되어 있다.

영화 '다운사이징'에서도 손가락 만한 소인(小人)이 되는 최첨단 수술을 하게 되면 1억이 상대적으로 약 120억의 효과를 누리며 재벌처럼 살 수 있음을 보여주고 있다. 마찬가지로 이론적으로만 따졌을 때, 북아메리카인 미국에서 그대로 돈 싸 들고 남아메리카인 브라질로 가면 다른 조건이 동일할 경우 10년 전보다 약 2~3배가 유리해진 형국이라 보면 된다. 그래도 같은 지구상에 있는데, 너무 많이 차이 난다. 이게 환율이다.

예를 들면 미국 사람이 달러 들고 그대로 브라질에 가면 물론 예외도 있지만, 1/3~1/4배 정도의 다운사이징 효과가 일어난다. 1달러에 5.5헤알 정도 하기 때문이다. 미국에서 5달러 하는 커피 한 잔이 브라질에서는 1~2달러 수준이고, 미국에서 70~80달러 정도 하는 2인 식사가 브라질에서는 30달러 수준이며, 미국에서 머리를 깎는데 30달러가 드는데, 브라질에서는 8~10달러 정도가 든다.

즉, 15년이 지난 이제야말로 헤알화의 가치가 헐값일 때 사고 연 10%의 고금리 이자도 받아먹고, 앞으로 브라질 국채의 가격이 상승하고 헤알화의 가치가 금값일 때나 만기에 팔아서 빼면 된다.

즉, 쌀 때 사고 비쌀 때 팔고 헤알화가 강세일 때 환전해서 빼면 된다. 이것이 바로 증권가의 일각에서는 '쌀사비팔빼'라고 불린다. 월가에서도 약간의 괜찮은 상식이 복잡한 이론보다 훨씬 더 유용하다는 말이 있다. 그런데 사람들이 쌀사비팔패를 잘 못하는 이유는 브라질 국채가 과거에 리스크가 있었다거나 환율이 문제라는 등의 분위기에 너무 많이 휩쓸리기 때문이다. 즉, 이미 대중의 이야기에 귀가 팔랑거린다는 것이다.

큰 흐름으로 보았을 때는 브라질 국채의 운명을 좌지우지하는 헤알화의 가치를 판가름하는 달러화와 원화, 그리고 헤알화와의 환율 관계에서 현재는 저평가된 준(準) 바닥권의 헤알화를 사야 할 때이다. 과거에는 비쌌지만, 지금은 싸다. 15년이 지나 기회가 자신을 조금씩 드러내고 있다. 그래서 이제는 헤알화의 환위험이 떨어지고 미래의 청사진이 밝은 브라질 국채이다.

브라질 국채의 복잡한
삼각관계

　브라질은 계속되는 물가상승률(Inflation)로 인하여 물가를 잡기 위해 기준금리를 15%까지 인상하였다. 금리가 올라가면 채권 가격이 내려가는 역의 관계를 가지기 때문에 현재에도 채권 가격은 매우 저렴하다고 할 수 있다. 브라질 국채를 매수하기에 참 좋은 시절이다.

　채권 투자자가 받는 이자(Coupon)와 원금의 현재 가치 기준으로 원금을 뽑는데 걸리는 평균 회수기간(年)을 경제학자 프레드 맥컬리가 정의하였다고 하여 '맥컬리 듀레이션(Macaulay Duratioon)'이라 부르고, 줄여서 일반적으로 듀레이션(Duration)이라고 한다.

　아주 간단하게 계산해 보면 10년 만기 표면이율 연 10% 6개월 이표채이고, 할인율이 3.106288%이며, 기준금리가 15%인 상황에서 현재 할인된 매수단가가 83헤알이므로 듀레이션을 계산하면 약 6.4년 정도이다. 지금 받는 이자의 현재 가치로 원금을 뽑는데 걸리는 평균 회수기간이 이론적으로 약 6.4년 정도가 걸린다는 뜻이다.

사실 이 듀레이션에 대한 시간적 개념은 사채업자나 자영업자가 실생활에서 더 많이 사용하고 있는 표현이기도 하다. 사채업자는 고리(高利)대금을 빌려주고, 월 이자로만 12개월이면 원금을 다 뽑을 경우 듀레이션은 약 1년 이내라 볼 수 있다. 이른바 '평균 자금 회수 기간'이라고 한다. 반면 2억 8천의 인테리어 비용을 들여 스터디 카페를 창업한 자영업자는 인테리어 비용을 뽑지 못하는 경우가 많으므로, 이론상으로는 듀레이션이 약 100년 아니 그 이상도 걸린다고 볼 수 있다. 매우 슬픈 일이다. 이런 차원에서 6.4년에 해당하는 브라질 국채의 맥컬리 듀레이션은 매우 짧은 기간이며, 예측할 수 있는 투자를 할 수 있게 해준다는 큰 장점이 있다.

하지만 여기서 짚고 넘어가야 할 부분이 있다. 금리는 가만히 있는 것이 아니라 현실적으로 계속 변한다. 맥컬리 듀레이션을 금리 1% 변화 시 어떻게 변화하는지를 나타낸 것을 '수정 듀레이션(Modified Duration)'이라 하고, 조금 어려운 말로 금리 변동에 따른 가격 민감도(%)를 의미한다. 깊게 몰라도 된다.

연 수익률		155원 -100원	225원 -30원	235원 -20원	245원 -10원	255원 환율	265원 +10원	275원 +20원	285원 +30원	355원 +100원	455원 +200원
16.36%	+3%	-40.73%	-12.73%	-8.73%	-4.73%	-0.73%	3.27%	7.27%	11.27%	39.27%	79.27%
15.36%	+2%	-38.71%	-9.16%	-4.95%	-0.73%	3.49%	7.71%	11.93%	16.15%	45.69%	87.89%
14.36%	+1%	-35.96%	-5.17%	-0.76%	3.64%	8.04%	12.44%	16.84%	21.25%	52.04%	96.04%
13.36%	매도금리	-33.07%	-0.88%	3.73%	8.33%	12.93%	17.53%	22.13%	26.73%	58.93%	104.93%
12.36%	-1%	-29.83%	3.73%	8.57%	13.37%	18.17%	22.97%	27.77%	32.63%	66.17%	114.17%
11.36%	-2%	-26.58%	8.69%	13.74%	18.78%	23.82%	28.86%	33.90%	38.96%	74.22%	124.62%
10.36%	-3%	-20.48%	14.79%	19.84%	24.88%	29.92%	35.16%	40.40%	45.64%	82.32%	134.72%

금리와 환율 변화에 따른 대략적인 연(年) 수익률 예측 〈Direct CEO Asset〉

앞으로 브라질의 기준금리가 동결되고 머지않아 금리 인하가 될 예정이며, 헤알화/원의 환율이 1헤알이 260원 이상으로 우상향한다고 가정하였을 때의 연(年) 수익률은 위의 표에서 빨간색 화살표 방향으로 움직이게 된다. 이 역시 금리와 환율에 따른 복잡한 수익률 관계를 이해하기 위함이지, 수익률 보장행위가 아님을 이해해야 한다.

1차원적으로는 6개월마다 액면가의 4.88%에 해당하는 이자(Coupon)가 지급되어 일단 이자를 깔고 시작한다. 2차원적으로는 금리가 떨어지면 채권 가격이 상승하기 때문에 행복한 고민을 하면 된다. 하지만 금리가 많이 올라서 채권 가격이 하락하더라도 만기까지 보유 시에는 원금인 액면가가 투자자에게 상환되어 지급되기 때문에 원금에 손상이 가지 않는다. 따라서 진짜 핵심은 3차원적으로 헤알화/원의 환율의 방향이다. 그런데 헤알화의 가치는 중장기적으로 우상향하고 있다고 하였다. 거의 20년 만에 오는 안정적인 기회라 할 수 있다.

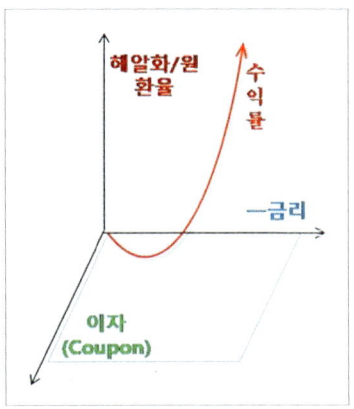

이자, 금리, 환율에 따른 3차원적인 수익률 관계 〈Direct CEO Asset〉

4부

지금 바로 시작하는 브라질 국채

헤알화의 준(準) 바닥권을 놓치면 바보!

브라질 국채 읽는 법

BNTNF(Brazilian National Treasury Nominal Fixed)

B : 브라질의(Brazilian)

BR : 브라질 채권 ISIN 식별 코드

10 : 표면금리 연 10% 고정이자율

4.88% : 6개월마다 실지급 이자율

01/01/35 : 2035년 1월 1일 만기

BRL : 브라질 헤알화(Real 貨)

BCB : Brazil Central Bank(Bacen)

SELIC : 브라질 기준(정책)금리

이표채(利票債) : 이자 표시된 표(票)

Coupon : 표(票)의 채권이자(利子)

Zero Coupon Bond : 무(無)이표채

중도 매도 : 제한적 허용(수수료 없음)

만기일 : 액면가(원금)를 일시 상환

적용 환율 : 예약 매수일 고정되는 환율

액면가(Face Value) : 100헤알(Real)

액면가 기준으로 표(票, Coupon)면 금리를 6개월 마다 지급!

매수단가 : 100에서 시작 후 할인됐고, 만기에 100(원금)상환

세후 은행환산 수익률 : 예금과 비교를 위해 환산한 연수익률

개인 세후 수익률 : 채권의 할인 금액까지 역산한 절대 수익률

발행 형태 : Domestic(헤알화 표시), Global(달러 표시)

판매자 투자 권유 제한, 고객 요청 시에만 단순 중개 업무 수행 가능

헤알화 표시 브라질 국채

중도 매도 제한적 허용의 의미

브라질 국채는 미국 국채와 마찬가지로 해외 장외 채권이라서 주식이나 ETF 등과 같이 국내 거래소(Exchange)에서 장중에 거래하는 것이 아니다.

장내와 장외(Over The Counter)의 차이가 있어서 그렇지 사실 비슷한 개념이긴 한데, 증권사를 통하여 채권중개전문회사(Inter Dealer Broker) 등의 중개 네트워크를 거쳐 중개 매수나 매도를 하게 된다.

증권사는 중도 매도 및 원리금 지급을 보장하지는 않고 단순 중개업무만 수행한다. 이것을 두고 제한적으로 중도 매도가 허용되어 있다고

발행자명	Brazil Notas do Tesouro Nacional Serie F		
발행일자	2024/01/05	만기일자	2035/01/01
위험등급	1등급(매우높은위험)	투자유의종목여부	Y
유동성위험	중도매도불가	중도매도 제한적허용(O)	중도매도가능( )

중도 매도가 제한적으로 허용된 브라질 국채 〈BNTN-F 10 01/01/35 NTNF〉

표현한다는 점을 이해할 필요가 있다. 그렇다고 너무 걱정할 필요는 없다.

증권사의 중개 리스트(LIST)에서는 만기와 수익률에 따른 상품별로 최소 중개 매수가 가능한 수량의 상황을 확인할 수 있다. 달러 표시 브라질 국채의 경우 현지 결제 지연이 빈번히 발생할 수 있으므로, 고객 배정이 지연될 수도 있지만 큰 문제가 되지 않는다.

브라질 국채 중개 매수 〈MTS〉

현재 중장기적인 관점에서 급하게 중개 매수나 중도 매도를 하는 것이 아니므로 별다른 문제가 되지 않는다. 그래서 앞서 여유를 두고 브라질 국채를 중개 매수하거나, 지급된 이자인 달러화나 헤알화를 재투자하거나 달러화나 원화로 여유를 가지고 환전해야 한다고 하였다. 앞으로의 국면에서는 이자가 나오는 대로 바로 재투자하면 헤알화도 저평가되어 있기에, 제대로 복리 효과를 볼 수 있다.

현재 국내 외화채권 중 브라질 국채의 비중이 역대 최저치인데, 브라질 국채의 잔고가 장기적인 감소 추세를 최초로 이탈하였기 때문에 앞으로 브라질 국채의 매수량은 점점 늘어날 것으로 예상된다. 헤알화의 가치가 올라갈 수 있는 환경이 조성되어 있고, 준(準) 바닥권에 위치하여 앞으로 유동성이 더욱 풍부해질 수 있다. 따라서 현재도 크게 문제 되지 않으며, 앞으로도 매매 중개에 큰 문제가 되지 않을 것으로 보인다. 그래서 전문적으로 브라질 국채를 중개 및 취급하는 증권사로 지점 방문 없이 온라인상에서 중개 매수하라고도 하였다.

유동성(Liquidity)은 자산을 얼마나 빠르고 손실 없이 현금화할 수 있는가를 잠재적으로 척도 하는 개념으로, 일정 기간 매매된 거래량(Trading Volume)과는 큰 차이가 있다. 매수자와 매도자가 많고, 매수와 매도호가 가격 차이(Bid-Ask Spread)가 좁으면 유동성이 높다고 한다. 스프레드(Spread)는 두 가격의 차이를 의미한다.

보통 상승 추세에서나 상승 추세로 전환될 때는 유동성이 몰리고, 하락 추세나 바닥권에서는 유동성이 떨어지기 마련이다. 따라서 채권을 매도할 때 매수세가 부족하여 제값을 받지 못하는 유동성 리스크는 브라질 국채만의 문제가 아니다. 이미 여러분은 실생활의 부동산 중 침체기의 아파트나 빌라도 그렇고, 특히 오피스텔이나 사무실(오피스), 상가, 중소형 잡주나 비상장주식 등에서 직간접적으로 경험해 보았을 것이다. 매도는 어떤 투자 대상이든 간에 유동성이 풍부할 때 해야 한다.

특히, 오피스텔과 같은 업무 시설은 유동성이 매우 낮아 유동성 리스크가 매우 크다고 볼 수 있다. 필자가 볼 때는 오피스텔과 같은 유동성이 매우 떨어지는 건축법상의 비주택 분양시장에서 오히려 오피스텔을 유동성 초특급 고위험 종목으로 분류해야 한다고 본다. 오히려 브라질 국채는 오피스텔에 비하면 양반이다. 은행의 정기예금은 중도에 이자를 포기하면 원금을 바로 찾을 수 있기에 유동성 리스크가 낮다고 할 수 있다.

주식의 봄, 여름, 가을, 겨울과 같이 브라질 국채의 유동성도 때(시기)나 상황에 따른 양(量)의 문제일 뿐이지, 근본적으로 큰 문제가 되지는 않는다. 그래서 뭐든 제대로 알고 이해할 필요가 있다.

현재 시점 이후의 헤알화가 강세일 때는 시장의 참여자가 많아 쉽게 사고팔 수 있는 환경이 조성되어 유동성 리스크가 떨어진다. 또한 장기물도 거래가 잘 되며, 호가 스프레드도 좁다. 하지만, 약세일 때에는 유동성 공급자가 위험 부담을 크게 반영하여 거래비용도 올라가고, 단기물 위주로 소량만 거래되어 유동성 리스크가 상대적으로 올라간다. 현재 이후의 큰 흐름에 있어서는 헤알화 가치가 완만하게 우상향하기 때문에 큰 문제가 되지 않는다.

10년간 우하향했고, 5년간 횡보했기 때문에 유동성 문제가 크게 부각되었다고 할 수 있다. 한편, 현재와 같이 헤알화의 미래 전망이 양호하여 브라질 국채를 만기 보유 전략으로 가져갔을 때, 1헤알에 330원 이하일 경우 중도에 발생한 이자도 모두 재투자한다고 가정하여도, 만기에는 채권의 고유 특성상 원금 상환이 보장된다. 따라서 중도 매도가 필요 없으므로, 중도에 유동성 리스크가 생길 일이 줄어든다. 앞으로는 헤알화의 가치가 우상향하기 때문에 만기 보유 전략을 쭉 타고 가기에도 나쁘지 않은 시기라고 볼 수 있다.

아울러 브라질 국채와 같은 해외 장외 채권은 투자 권유가 제한되며, 고객의 요청에 의한 단순 중개업무만 수행한다고 누차 반복하였다. MTS에서 단순 중개 매수를 신청하면 된다.

과거 10년간 헤알화/원의 환율 하락장에서는 중개 매도 시 장외에서 거래가 매끄럽게 되지 않을 수 있었기에 중도 환매가 불가능한 것이 아니라, 중도 환매에 큰 어려움이 있었다. 그래서 국내의 브라질 국채 상품 설명서에도 '중도 매도 제한적 허용(O)'이라고 되어 있다. 즉, 중도 매도 제한적 허용은 그 시기에 따라 중도 매도가 원활할 수도 있지만, 원활하지 않을 수도 있다는 것을 의미한다.

거래량이 바닥인 주식도 마찬가지이겠지만, 주가 하락 시에 시간외 단일가에서 대량으로 매도를 하는 것과도 같은 이치이기 때문에 크게 문제가 되지 않는다. 시간외 거래가 장중 거래보다 거래가 잘 안 되는 것은 당연하다. 사실 이 부분은 개별 주식의 거래량만 보아도 매우 비슷하게 일어나는 현상이기 때문에, 지나치게 불안해하는 것은 사실 무지(無知)한 것과 같다.

브라질 국채는 순환되는 사이클이 넓고 크다. 필자는 거래량이 터지는 고점의 꼭지에서 언급하는 것이 아니다. 1헤알에 700원대를 눈앞에 두고 약 10년간 200원대로 끊임없이 급락한 후 5년간 횡보 후에 250원대의 거래량도 바닥권이라 환율변동 위험이 매우 떨어지는 준(準) 바닥권에서 헤알화의 가치가 상승으로 변곡하는 지점에서 유동성이 들어오는 시점에 역설하는 바이다.

현재 헤알화/원의 환율이 나쁘지 않아서 이자를 받으며 만기까지 보유하는 전략으로 갈 수도 있으므로, 현재 이후의 시점에서는 큰 문제가 되지 않는다. 설사 중도에 헤알화의 가치가 좀 떨어지더라도 매수의 기회로 삼거나, 투자 예정 기간만 부족하지 않으면 된다.

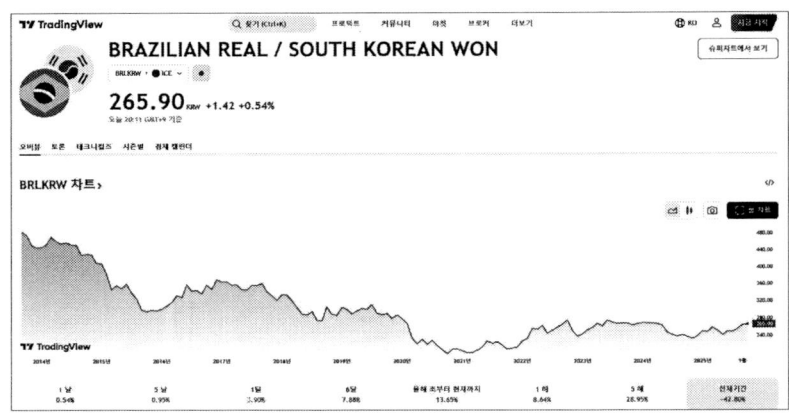

헤알화/원의 환율 추이 〈Trading View〉

고액 투자가 오히려
유동성 위험이 낮은 이유

　기본적으로 장외 채권은 주식처럼 거래소(Exchange)의 장중에 실시간으로 활발하게 바로 매매되는 것이 아니라, 증권사나 은행의 중개를 통하여 장외(Over-The-Counter)의 국제 금융시장에서 거래 상대방을 찾아야 하므로 주식처럼 생각하면 안 된다.

　일반적으로 보았을 때 기관은 주로 대량으로 매매하고, 장외 채권 자체가 주식의 소량 매매와는 큰 차이가 있다. 그렇다고 장외 채권이라고 하여 무조건 위험한 것이 아님을 이해할 필요도 있다. 미국 국채도 해외 장외 채권이다.

　보통 장외 채권 투자자의 경우에는 채권의 기본 특성상 주식보다 대량으로 매매하는 경향이 많다. 자산가들도 주로 고액으로 채권을 보유하고 매매한다. 꼭 자산가가 아니더라도 미국 국채와 브라질 국채에 대한 해외 장외 채권의 매매에 대한 이해는 꼭 필요하다.

대량으로 매매하는 경우 거래 상대방도 많고, 좁은 호가 스프레드(Spread)를 적용받을 뿐만 아니라 가격 협상력의 힘이 발휘되어 오히려 유동성 위험이 더 떨어지는 경향이 있다는 정도로만 이해하면 좋을 것 같다. 예를 들면 1천만 원으로 매수와 매도 차이가 1% 발생하면 10만 원의 호가 스프레드 비용 손실이 발생한다. 하지만 3억으로 매수와 매도 차이가 0.5% 발생하면 150만 원의 호가 스프레드 비용 손실이 발생하고, 10억으로 매수와 매도 차이가 0.2% 발생하면 200만 원의 호가 스프레드 비용 손실이 발생하는 셈이다. 물론 10% 이자수익이 들어오면 다 묻히기 때문에 너무 걱정할 필요는 없다.

가령, 거래도 잘 안 되는 소형의 분리형 사무실(Section Office)보다 100평대 이상의 통으로 된 대형 사무실이 희소성이 있고, 프리미엄이 붙어 평당 가격이 훨씬 더 높다. 뿐만 아니라 오히려 찾는 사람이 있어 거래가 되는 이유와도 조금은 흡사하다고 볼 수 있다.

노후 준비로 임대수익을 만든답시고 오피스텔이나 오피스 또는 상가를 분양받는 경우가 많은데, 실속이 많이 떨어져서 생각보다 큰 오산임을 뒤늦게 알아차릴 수 있다. 이미 그때는 늦어 버린다. 크게는 두 가지가 문제라고 할 수 있다. 대부분은 분양이 됨과 동시에 상품으로서의 가치가 거의 끝나기 때문에, 결국 시세 차익을 보기 힘들다. 일단 소유하고 나서부터는 거래가 잘 안 되기 때문이다. 철저히 주의해야 한다. 많은 사람들이 말을 안 해서 그렇지 오피스텔 등은 보통 애물단지가 아니다. 현재 시점에서는 브라질 국채를 눈여겨볼 필요성이 매우 크다.

특히 유동성이 떨어지는 헤알화의 하락장에서 개인 소액 투자자는 딜러 입장에서 거래를 성사해도 수수료나 마진이 작아서 우선순위에서 밀리는 경우가 빈번하여 원하는 시점에 팔기가 어렵다. 또한 더 비싸게 매수되거나 더 싸게 매도되어 불리한 적용을 받아 사실상 유동성 위험이 커진 것과 같은 효과가 일어날 수도 있다. 그래서 때가 중요하다.

소액으로 매수한 채권도 중도에 매도하게 되던 매수자를 찾기 어렵거나 매수자가 잘 붙지 않아 장시간 매도 대기를 해야 하거나, 기관이나 증권사가 낮은 가격을 제시하여 조금 불리하게 처리되는 경우가 있다.

하지만 너무 겁먹을 필요는 없다. 현재는 증권사에서의 중개시스템과 대내외적인 상황이 소액 투자자에게 유리하도록 매우 많이 좋아진 상황이라, 고액 투자자와 비슷한 대우를 받고 있어 문제가 되지 않는다. 물론 소액 재투자의 경우 투자 원금액에 재투자 금액을 합하여 주로 장기간의 만기 보유 전략으로 가기 때문에, 현재와 같은 상황에서도 더 문제될 것이 없다. 그래서 현재 시기는 감히 기가 막힌다고 할 수 있다.

현재 헤알화/원의 환율은 매우 저평가되어 있고, 브라질 국채의 가격도 매우 저렴하고 준(準) 바닥권 이후에는 큰 손뿐만 아니라, 재투자 및 소액 투자자들의 자금도 많이 들어오면서 소액 투자자들 간의 상호 유동성도 한층 좋아지게 되어 브라질 국채를 매수하기에 매우 좋은 환경이다. 줘도 못 먹겠는가?

브라질에서 발행하는 주요 채권의 종류

간단하게 이 정도로 나뉜다는 정도만 확인하자.

DPMFi(internal) : 국내 현지 발행, 헤알화 표시 채권
DPFe(external) : 해외 발행, 주로 달러 표시 채권, 외국인 대상
NTN(National Treasury Nominal) : 고정금리, 장기채
NTN-F(Fixed) : 고정금리 반기 지급, 만기에 원금상환, 장기채
NTN-B(Bond) : 물가 연동 변동금리(소비자물가지수) 만기 지급
NTN-C(Couponed) : 쿠폰(이표) 지급 국채, 물가 연동
NTN-D(Dollar) : 달러(USD) 연동 고정금리
LTN : 고정금리 만기지급, 단기채(Letter), 할인채, 무이표채
LFT : 변동(Floating)금리(SELIC 기준금리에 연동) 만기지급

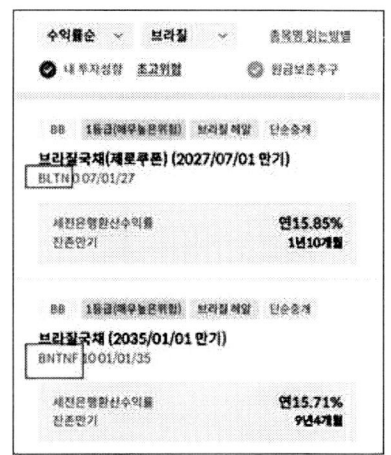

고정금리 장기채(NTNF)와 단기채(LTN) 〈삼성증권 MTS〉

국내의 브라질 국채 투자자들은 주로 액면 기준의 고정금리 장기채(NTN-F)에 투자하고 있다고 보면 된다. 장기채와 더불어 고정금리 단기채(LTN)에도 많이 투자한다. 이자(Coupon)가 없는 무이표채(Zero Coupon Bond)는 만기에 원리금을 일시에 지급한다. 브라질 국채의 가장 큰 매력은 뭐니 뭐니 해도 표면금리 연 10%의 6개월 이표채라고 할 수 있다. 이 혜택의 현실성이 높아진 시기가 바로 현재라고 볼 수 있다.

한편, 브라질 국채는 다양한 만기 구조를 제공하고 있다. 일반적으로 만기에 따라 채권을 1년 이하의 초단기는 Letter, 1~5년의 중단기는 Note, 5년 이상의 장기는 Bond로 구분할 수 있다.

증권사마다 시각적인
수익률이 차이 나는 이유

 같은 헤알화 표시 브라질 국채 표면금리 연 10% 6개월 이표채의 경우, 한 증권사는 연 개인 세전수익률이 13.32%로 조회되지만, 또 다른 증권사에서는 세전 은행 환산수익률이 연 15.32%로 조회된다. 자세히 보면 해석이 다름을 알 수 있다.

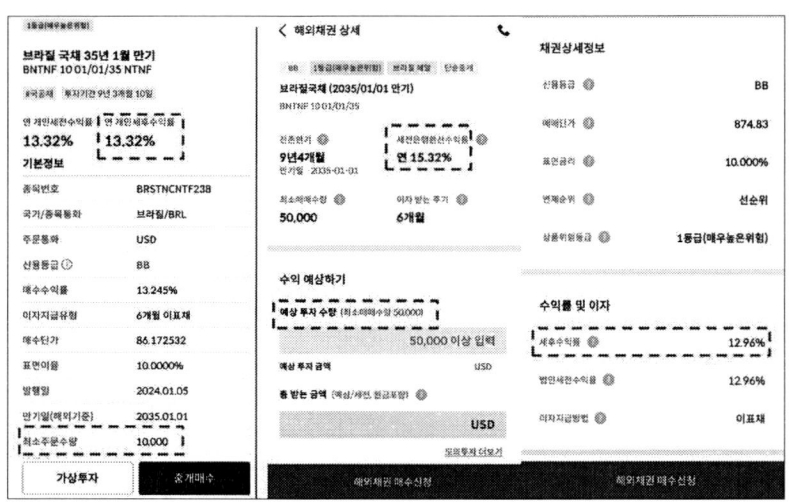

개인 세전 수익률과 세전 은행 환산수익률 〈증권사 MTS〉

세전 은행 환산수익률은 1년 만기 은행예금의 이자율 계산 방식으로 환산하였을 때 연 15.32%가 된다는 뜻이고, 대부분의 증권사에서 일반적으로 사용하는 세후수익률로 환산하면 연 12.96%가 나온다. 즉, 수익률의 기준을 다르게 표현한 것이다. 은행 환산수익률로 표현하면 연간 수익률이 훨씬 커 보이는 것이 사실이다. 채권의 할인율까지 역산된 표면금리 연 10%의 브라질 국채를 은행의 정기 예·적금으로 환산한 수익률이 결코 적은 수익률이 아니라는 뜻이다.

한편, 현재 이후의 시점에서도 굳이 한국의 세금을 문제 요인으로 한 해외투자 이민을 갈 필요가 없다. 다양한 비과세 혜택과 절세법이 있기 때문이다. 굳이 이자소득세가 발생하여 종합과세가 될 수 있는 낮은 금리의 정기예금을 할 필요성이 떨어진다.

그래서 자산의 규모가 큰 사람일수록 채권의 비중이 커지는 것이 현실이다. 보유 중인 채권은 하다못해 경기가 나빠지거나 문제가 생겨도 채권 가격이 상승하거나 이자를 받으면서 만기까지만 버티면 투자원금을 지킬 수 있는 카드가 주어진다.

헤알화 표시 브라질 국채의 경우 증권사별로 최소 주문 수량이 10,000헤알 이상이므로 소액 투자도 가능하다. 타 증권사는 50,000헤알 이상부터 가능하고, 재투자 시에는 1,000헤알 이상부터도 가능하여 누구나 자유롭게 중개 매수를 할 수 있다. 투자 단위는 1,000헤알이다. 현재는 과거와 같이 최소 주문 수량이나 유동성에 큰 걸림돌이 되지 않는다.

은행에서는
채권을 사지 마라

　보편적으로 보험은 보험회사에서 주관하지만, 그 장벽이 무너진 지 오래되었다. 방카슈랑스 제도로 인해 은행에서 보험에 가입할 수는 있지만, 일반적으로 샘플화 된 보험 정도만 가입할 수 있는 것이 현실이다.

　보험에 관하여는 필자의 책 『배당투자 최적화 더 파이어』의 보험 고정지출 최적화에서 셀프로 판단하여 계획을 잡을 수 있도록 거의 완벽히 설명해 놓았다. 이른바 몇 십만 원 같은 몇 만 원 정도의 보험이라고 할 수 있다. 보험은 앞으로 보험 최적화의 지혜를 기반으로 하여 판단 및 가입 선택을 하면, 혜택은 동일하게 보면서 가계의 보험지출을 대폭 줄일 수 있을 것이다.

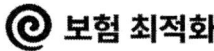

보험 최적화와 고정지출 최적화 〈배당투자 최적화 더 파이어〉

여기서 한 마디 더 강조하자면, 이어지는 책의 소개라기보다 내용적인 측면에서 밀접하게 연관되어 있고, 의외로 아주 중요하기 때문이라고 생각하자. 자본주의 체제 아래 각개전투를 해서 생존해야 하는 개인 자산관리의 각 부분을 나누다 보니 사실은 이어질 수밖에 없었던 것이다.

지분증권(주식)이나 국가 또는 공공기관이 발행한 채무증권(국공채) 등의 발행, 중개, 매매(직접금융)는 원래 은행보다는 증권사에서 본래의 주 업무로 브라질 국채와 같은 해외 장외 채권을 국제 중개시장을 통하여 중개 및 취급한다. 은행은 예금, 대출, 결제 등의 간접금융이 본래의 주 업무에 해당한다.

마찬가지로 금융상품 취급에 대한 장벽이 무너지고, 물론 은행의 PB센터에서 신탁 형태나 증권사와 동일한 중개 형태로 브라질 채권을 매수하여 국제 금융 업무를 수행할 수 있지만, 수수료가 비싼 편이고 전문성이 상대적으로 떨어진다.

반면, 증권사의 MTS를 통하여 온라인으로 직접 해외 장외 채권을 중개 매수하면 거래 수수료가 가장 많이 할인되기 때문에 저렴한 수수료로 브라질 국채를 매수할 수 있다. 굳이 은행이라는 안정된 이미지 때문에 은행에서 할 필요가 없다. 중개 매수는 본래 증권사의 전통적이고 본질적인 업무에 속하기 때문이다. 그리고 무엇보다 가장 중요한 부분은 해외 장외 채권이 은행과 잘 어울리는 금융상품이 아니라는 점이다.

너무 어처구니없는 일이지만, 실제로 가장 큰 문제가 되는 것이 은행에서 미국 채권을 매수하면 손실이 나지 않고, 증권사에서 미국 채권을 매수하면 손실이 난다고 막연하게 생각하는 노령층 사람들이 은근히 많다는 것이다. 그래서 우리은행이나 하나은행 사태 등도 일어나는 것이다. 그런데, 가만히 보면 그럴 만도 한 일이다. 그래서 이미지가 매우 중요한 것이다. 소싯적에 똑같은 나이키 운동화를 사더라도 백화점에서 산 운동화가 더 좋게 느껴졌었던 기억이 다들 있지 않는가?

생수 PET도 인터넷에서 사면 300원, 마트에서 사면 500원, 편의점에서 사면 1,000원, 공항에서 사면 3,000원, 사막에서 사면 50,000원으로 가격이 천차만별인 것처럼 장소에 따라 똑같은 상품의 가격이 완전히 달라진다. 일반적으로 똑같은 생수를 마트나 인터넷으로 주문하면 가격 측면으로는 가장 합리적이다.

결국 시간적·경제적·공간적 자유를 누리고, 가능한 한 이른 시일 내에 파이어를 하는 것이 대부분 사람들의 다음 깊숙이 숨겨져 있는 공통적인 바람일 것이다. 모바일 이마트몰에서 생수를 주문하는 루틴이 저장되어 있어 손가락 한 번 까딱하면 주문되어 당일 배송이 되는 것처럼, 증권사의 MTS를 통하여 꼭 브라질 채권이 아니더라도 전 세계 국가의 채권 매수 상태를 활성화해 두는 일은 선택이 아닌 필수다. 120세 시대와 인공지능 시대에 맞추어 채권 관리 시스템을 제대로 알고 있어야 함은 당연한 말이다. 시장 상황 등의 모니터링이 필요하기 때문이다.

부디 은행에서 채권 관련 업무를 하지 않기를 바란다. 물론 은행에서 미국이나 한국 국채는 권할지언정, 브라질 국채를 권하지는 않을 것이다. 브라질 국채 투자를 권유할 수 없을 뿐만 아니라, 고객 요청에 의한 단순 중개 업무만 가능하기 때문이다. 그래서 오히려 정작 해야 할 때는 하지 못하고 또 놓칠 수 있는 것이고, 뉴스나 신문에서 도배를 하면 뒤늦게 찾아가서 가입하는 것이다.

은행에서 DLF 사태나 ELS 사태와 같은 다양한 문제들이 빈번하게 발생하는 이유는 어렵지 않게 찾을 수 있다. 그리고 은행 창구에서 채권을 판매하는 과정이나 영업용으로 제작되는 마케팅용 상품 안내장을 보면 그냥 기가 막힐 지경이다.

은행에서는 근본적으로 안전자산인 예·적금을 취급하고 대출해 주는 시스템으로 되어 있기 때문에, 자산가일수록 채권을 취급, 운용, 관리해야 한다. 그런데 은행은 투자와 관련된 상품과는 체질적으로 결이 맞지 않아 어울리지 않는다. 꼭 브라질 국채가 아니더라도 한국 국채나 미국 국채 등의 채권은 증권사를 통하여 거래하기를 권장한다.

아시다시피 한 곳에 고인 물이 썩는다는 이유로 개별 차는 있겠지만, 은행 직원들은 약 3년 정도를 주기로 해서 근무하는 지점이 로테이션 된다. 물론 주요 고객에 관하여 인수인계를 할 수도 있고, 고객을 데려갈 수도 있다. 하지만 은행이라는 대기업의 직원으로서 업무를 하는 것이지 금융 투자의 꾸준한 동반자 역할을 해주기에는 큰 무리가 따르는 정도가 아니라, 현실적으로 불가능하다.

은행 PB 역시 단순한 업무의 반복으로 큰 제약이 따른다. 그래서 실적 위주로의 행위만 계속하여 반복되는 것이다. 사실 미국 채권도 마찬가지다. 전 세계에서 가장 안전한 미국 채권도 그냥 가입만 하면 끝나는 것이 아니다. 특히 미국 국채는 매매 관점에서 주시해야 할 필요성이 높은 채권 중의 하나이다. 금리 인상기나 금리 인하기의 끝자락에서는 전략적인 조치나 결단이 필요하다.

필자가 은행과 같은 금융기관에 대해 가장 많이 화가 나는 부분은 이런 점이다. 당연히 책임질 일을 만들면 안 되겠지만, 은행은 법적으로 완벽하게 유리한 상태를 만들어 놓았다는 것이다. 문제 발생 시 책임을 지느냐, 마느냐의 논의 차체를 원천적으로 차단해 버린다. 그렇게 해서 책임을 논할 수 없도록 하고, 직원을 멀리 보내 버린다는 것이다. 당연히 그래야 하겠지만, 필자는 고객 입장에서 불합리함을 설파하는 것이다.

그래서 고객과의 밀접도가 높아 양심에 찔린 은행이나 창구 직원도 오히려 다른 직원들보다 더 열심히 일했음에도 불구하고, 감정이입을 하다 보니 실수를 하여 죄책감을 느끼고 자살하는 일이 벌어지는 것이다. 그래서 은행 직원들은 항상 책임을 지지 않으려는 잠재된 의식이 말이나 행동 중에 항상 자리 잡고 있고, 교육이 되어 있다. 책임을 지라는 말이 아니다. 현 시점에서 이 책을 통하여 최소한 이 정도는 알고 있어야 한다. 결국 실무적으로는 고객만 낙동강 오리알 신세가 되는 것이다.

즉, 은행은 근본적으로 제대로 된 채권 관련 업무를 하는데 힘이 들 수 있다. 그런데 수많은 고액 자산가나 VIP들은 은행만을 맹신하는 경우가 많다. 거래를 하다가 큰 손해가 나면 만기까지 기다리거나 증여를 해도 되긴 된다. 하지만, 자산을 더욱더 크게 성장시키고 철저하게 보호받기 위해서는 반드시 큰 자산 전체가 예금자 보호보다 더욱더 강력한 시스템의 보호를 받을 수 있도록 스스로 세팅하고 준비해야 한다. 개인 자산관리는 각개전투의 장이라고 여러 번 반복하였다. 이 부분은 평생 자산관리 시대에 있어 심각하게 생각해 보아야 할 문제이다. 은행은 당신 편이 아니다.

브라질 국채를
전문적으로 다루는 증권사

해외채권의 대명사라 할 수 있는 미국 국채는 전 증권사에서 취급하고 있고, 증권사별로 전문적으로 취급하는 해외 장외 채권은 시기나 상황에 따라 조금씩 다를 수 있다.

브라질 국채는 과거의 심한 환율 변동성과 신용등급으로 인하여, 대부분의 증권사가 공식 추천을 꺼리는 편이다. 한편, 일부 증권사는 투자금액이 최소 2억 정도 이상인 고액 전용으로만 제한되어 있거나 최소 투자금액이 증권사별로 상이하고, 종목이나 발행 금액에 따라 내용이 조금씩 다르기도 하다.

대부분의 증권사는 브라질 국채를 다루기는 하지만, 주로 헤알화 표시 브라질 국채만을 다루거나 증권사에 따라 가입 금액이 커서 진입 장벽이 높은 자산가 전용으로 구분되어 있다. 그리고 외화인 달러 표시 브라질 국채만을 다루기 때문에 시기나 상황에 따라 취급 여부가 다르고 불안정하다. 이와 같은 차이가 있어서 브라질 국채를 제대로 세팅하는 데 약간의 문제가 발생할 수 있다.

반면, 일부 대형 증권사 및 한국투자증권에서는 현지(Local)에서 발행된 헤알화 표시 브라질 국채와 해외 투자자를 위한 외화 표시인 달러 표시 브라질 국채를 모두 시기별 구분 없이 온라인에서 바로 중개 매수를 할 수 있다.

헤알화 표시 브라질 국채의 경우, 최소 매수 금액인 1만 헤알(할인되어 현재 230만 원 정도)부터 지점 방문 없이 온라인으로 간편하게 전문적으로 매매 중개를 하고 있다.

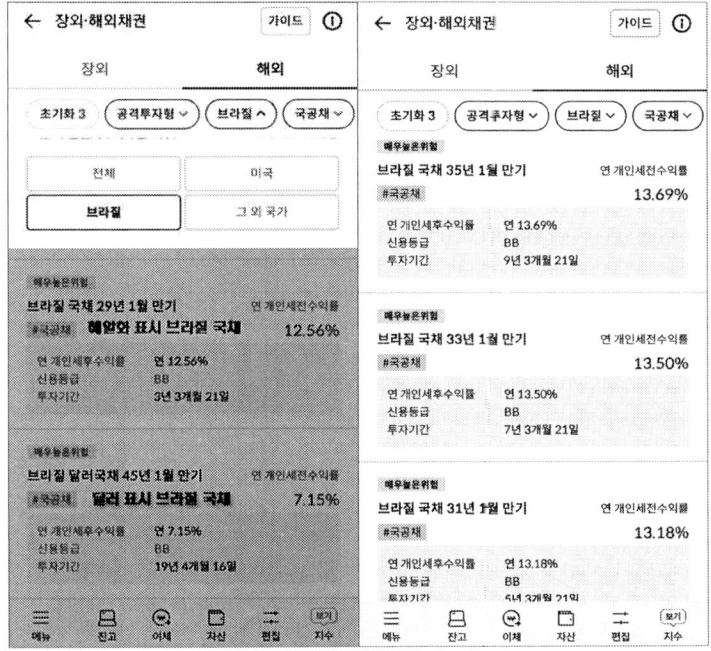

해외 장외 채권 중 브라질이 특화된 증권사 〈한국투자증권 MTS〉

한국투자증권은 해외 장외 채권 중에서 신흥국 브라질이 온라인으로 좀 더 전문적으로 특화되어 있어 브라질 국채의 단순 중개를 전문으로 하고 있다. 트래픽이 많은 편이고, 고액 및 소액 매수 모두 좋은 환경이다. 브라질 국채를 자유자재로 활용하려면 달러 표시 브라질 국채도 빼놓아서는 안 되기 때문에, 같은 증권사에서 모두 활성화가 되어 있는 것이 실용적이다.

주로 대형 증권사들이 브라질 국채에 관한 업무 전문성을 지니고 있다. 대부분의 취급 업무는 같기 때문에 큰 의미가 없고, 대한민국 국적을 가진 투자자가 누릴 수 있는 비과세의 큰 한 축에 해당하는 브라질 국채를 차별성 있게 전문적으로 취급하고 있다는 것이 한국투자증권의 장점 중 하나일 것이다.

한편, 일반적으로 대부분의 증권사들은 단순 중개를 전문적으로 하기 때문에 항상 책임을 회피하려고 하는 경향이 있다. 하지만, 보유하고 있는 물량이 많은데 매도 또는 매수해야 하거나, 투자 계획 등이 변경되어 매도 또는 매수를 해야 할 때 필자로부터 전략적인 코멘트를 받는 것을 권장한다.

물론 앞으로도 많은 증권사에서 브라질 국채를 취급할 수 있겠지만, 브라질 국채에 관한 업무 처리 전문성에 있어서는 분명 눈에 보이지 않는 큰 차이가 존재한다.

두 종류의 브라질 국채

　브라질 국채는 브라질 현지(Local)에서 발행되는 현지 통화 표시 브라질 국채가 있고, 달러권(Global) 해외 투자자를 위해서 발행되는 외화 표시 브라질 국채로 구분할 수 있다.

　브라질의 현지 통화는 헤알화(Real Currency)로 대략 현재 1헤알은 255원 정도에 해당하고, 1달러는 5.42헤알에 해당한다. 브라질의 헤알화(BRL), 미국의 달러화(USD), 한국의 원화(KRW)의 상관관계에 의하여 각각의 환율이 결정된다. 너무 어려워할 필요는 없다.

　현지(Local) 통화인 헤알화 표시 브라질 국채는 표면금리가 연 10%에 해당된다. 금리가 높은 시기에는 현재와 같이 채권 가격이 내려가 있을 때 매수단가가 떨어져 있어, 매수 시에 액면가가 할인되는 발행 효과가 일어난다. 그래서 현재 10억 원을 매수하면 액면가로는 약 12억 원 정도를 매수하는 셈이 된다. 그럼 이 액면가 12억을 기준으로 한 연 10%인 1.2억이 6개월마다 4.88%의 이자가 비과세로 지급되는데, 이것을 채권에서 이자와 동일한 말로 쿠폰(Coupon)이라고 한다. 그래서 쿠폰금리는 곧 표면금리를 의미하고, 표면금리는 시장 상황에 따라 달라질 수도 있다.

반면에 달러 표시 브라질 국채의 표면금리는 연 5~7%에 해당하고, 이 역시 100% 비과세가 된다. 이처럼 금리 차이가 나는 근본적인 이유는 국가 간의 환율 차이로 인한 고유의 가치나 위험프리미엄이 차이가 나기 때문인데, 환산하면 그 갭은 줄어드는 경향이 있다.

달러 표시 브라질 채권은 세계에서 가장 안전하다고 하는 미국의 국채 금리가 내부적으로 연동되어 있기 때문에 표면이율에서부터 차이가 난다. 근본적으로는 국가 간 중앙은행의 기준금리가 차이가 나기 때문이다. 미국 달러의 비중을 확장하려는 계획이 있다면, 표면금리는 좀 더 떨어지지만 달러 표시 브라질 채권으로 비중을 잡아도 된다. 헤알화/원과 달러화/헤알도 두 통화 간의 관계성에 의하여 결국은 독립적으로 움직인다.

그래서 미국 국채의 표면이율은 달러 표시 브라질 국채의 표면이율인 연 5%보다는 조금 낮은 수준인데, 예를 들어 현재 10년물 미국 국채의 경우 표면이율이 연 4.625%이다.

달러 표시 브라질 국채는 브라질 정부가 해외 투자자를 대상으로 글로벌 투자자의 자금을 유치하기 위하여 미국 달러로 발행한 채권이기 때문에 껍데기는 브라질 국채이지만, 속은 기본적으로 달러의 성향을 지니고 있다. 이자 지급과 원금 상환도 달러 기준으로 이루어지기 때문에 헤알화 환율 변동의 영향을 받지 않는다. 실질적으로 달러 자산에 투자하는 것이라고 보면 된다. 브라질의 신용 및 채무불이행 위험은 크고, 미국의 신용 및 채무불이행 위험은 낮거나 없으므로 위험프리미엄이 반영되어 헤알화 표시 브라질 국채의 표면금리나 발행수익률이 미국 국채보다 높게 형성된다.

달러 표시 브라질 국채의 수익률은 무위험 금리인 미국 국채의 수익률에 브라질의 신용위험인 브라질 CDS 스프레드를 합친 값이다. 따라서 미국 국채의 수익률보다는 달러 표시 브라질 국채의 수익률이 약간 더 높고, 환율 리스크가 약간 더 높다. 미국 국채와는 다르게 이자소득세가 비과세이며, 달러 자산으로 안정적인 인컴(Income) 수익을 추구하는 투자자에게 적합하다.

헤알화 표시 브라질 국채는 달러에서 한 번 더 헤알화로 환전해야 하므로 불리한 시기에 환전하면 환전수수료 및 환율 스프레드 등으로 수익률은 조금 깎일 수 있다. 그래서 항상 여유를 두고 환전을 해야 한다고 앞에서 설명하였다.

타이탄의 도구 중 하나
만들어 놓기

  해외 장외 채권에 해당되는 브라질 국채를 매수하기 위해서는 먼저 증권사의 계좌를 개설해야 한다. 중개수수료는 영업점이나 권유 FC 선택 여부와 무관하게 동일하므로 반드시 가까운 영업점과 권유 FC(SU6883)를 등록하여 브라질 국채와 관련된 중요한 사항이나 혜택을 안내받을 수 있게, 꼭 등록하는 것을 권장한다. 세상에 공짜는 없다.

한국투자증권 계좌 개설 및 영업점, 권유 FC 입력 〈한투 MTS〉

영업점과 권유 FC를 등록하여 지점을 방문하지 않고, 모바일의 MTS 상에서 중개 매수 거래를 신청하면 수수료가 가장 저렴하다. 권유 FC를 등록한다고 하여 반드시 권유를 받는 것은 아니다. 모든 투자는 본인 스스로 결정하는 것이다.

플레이스토어 어플 검색(한투) > 계좌 개설하기 > ISA+국내/해외 주식+IRP+개인연금+CMA 동시 선택 > CMA 상품 발행 어음형 선택 > 한국투자증권 영업점 계좌 선택 > 영업점(가까운 영업점 입력) 권유FC(SU6883황재수) 입력 > 하여 계좌개설을 완료한 후 통보한다.

여기까지 이 책을 정독하였다면, 브라질 국채의 전반에 관련해서 이처럼 정곡을 찌르는 중요한 내용을 아주 쉽고 자세히 설명해 주는 곳은 없다고 보아도 과언이 아님을 이해할 것이다. 혹여나 미국 국채나 한국 국채를 보유 중이라서 다른 증권사를 이용하고 있다면, 브라질 국채만큼은 신규로 개설하기를 권장한다.

각개전투의 장에서 곳곳에 숨어 있는 타이탄의 도구들은 스스로 준비와 세팅이 필요하다. Chat GPT도 할 수 없고, 시중에서 알려 주지 않는 증권사별 차별적인 특징을 언급한다 국내에 HTS를 개발하는 업체가 있는데, 소싯적에는 업체로 참 많은 문의를 했던 기억이 난다.

요즈음은 HTS나 MTS의 전반적인 기능은 나무랄 데가 없이 거의 모두 우수하다고 할 수 있는데, 그중에서도 증권사별로 매우 차별성 있거나 의외로 특색 있는 기능들을 모아 보았다.

[타이탄의 증권사 도구들]

- 키움증권 : 호가별 주문 수량 X-ray 확인 가능
- 이베스트투자증권 : 차트 기능 최우수, 프로그램 설정에 용이
- 미래에셋증권 : 독보적인 가상 매매 시뮬레이션 실전처럼 가능
- KB증권 : 365일 자동 로그인으로 시스템 시세 감시 매우 편리
- 삼성증권 : 전통적인 시스템 자동 매매 프로그램 설정에 용이
- 대신증권 : 시스템 트레이딩에 용이
- 한국투자증권 : 달러 및 헤알화 브라질 국채 MTS 전문 취급

해외증권 거래 신청하여
외환 거래 준비하기

　브라질 국채와 같은 해외 장외 채권을 중개 매수하기 위해서는 해외증권 거래 신청이 필수적으로 되어 있어야 한다.

　일반적으로 국내 주식, 해외 주식에서 해외 주식 거래 가능 계좌가 개설이 된 경우에는 따로 해외 증권 거래 신청을 하지 않아도 달러 거래가 가능하여 해외 장외 채권인 브라질 국채를 중개 매수할 수 있다.

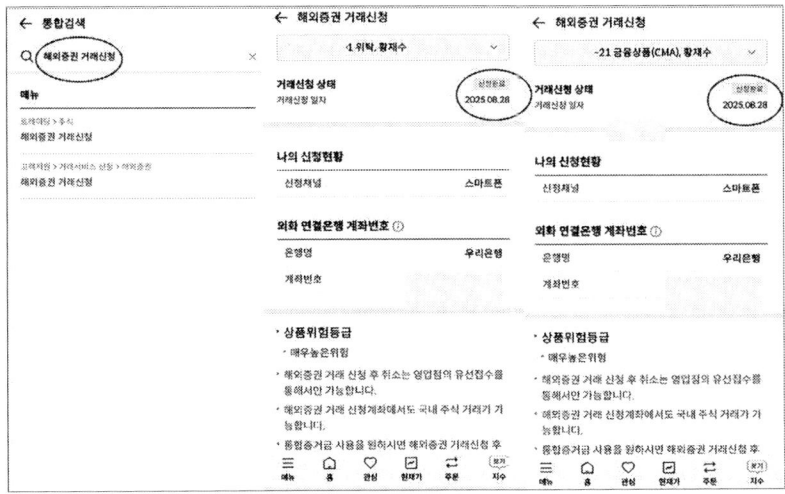

해외증권 거래 신청 〈한투 MTS〉

하지만 별도로 개설된 CMA 계좌에는 신규로 해외 증권 거래 신청을 해야만 달러 거래가 가능하여, 해외 주식 거래 가능 계좌와는 공간적으로 분리하여 이곳에서 해외 증권 거래 신청 상태가 신청 완료로 활성화 되어 있으면 해외 장외 채권을 거래할 수 있게 된다. 외화 거래는 위험 등급이 높아서 위험 고지를 확인하고 거래 신청을 해야 한다.

경제 부국, 자원 강국 브라질을
채무자로 만들기

한국투자증권 홈 화면 상단의 '상품/연금'에서 채권을 클릭하고, 상단의 '장외·해외채권'으로 들어가면 투자 성향이 공격 투자형인 경우에만 MTS에서 헤알화 및 달러 표시 브라질 국채 모두를 자유롭게 투자할 수 있다.

달러 표시 및 헤알화 표시 브라질 국채는 국내 증권시장에서 일반 투자자가 거래하는 주식처럼 거래소(Exchange)에 상장된 장내 금융 상품이 아니라, 장외(Over The Counter)에서 증권사의 중개를 통하여 거래되는 발행 국가가 브라질에 해당하는 해외 장외 채권이다.

브라질 국채는 브라질 정부가 국제 금융시장이나 현지에서 발행하면 증권사의 중개를 통하여 장외 거래로 매매하는 구조이다. 따라서 주로 달러에 해당하는 외화 및 헤알화 표시 브라질 국채에 좀 더 자유로운 중개나 취급 및 관리에 최적화가 돼 있는 한국투자증권 MTS를 세팅해 놓을 필요가 있다. 특히 해외 장외 채권을 단기 트레이딩을 할 필요는 없으므로, MTS(Mobile Trading System)로 상시 준

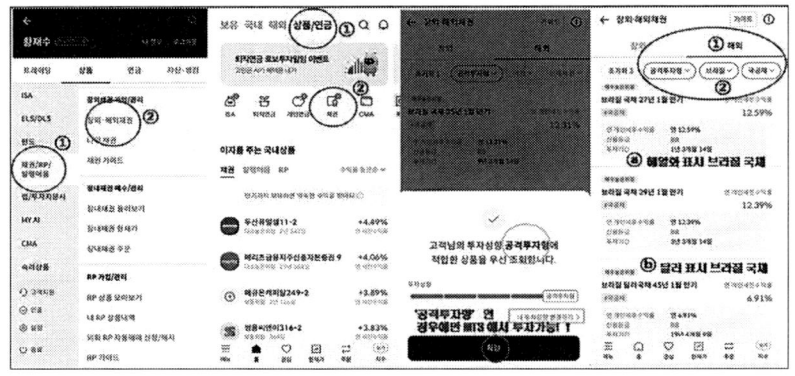

헤알화 및 달러 표시 브라질 국채 조회하기 〈한국투자증권 MTS〉

비 상태를 만들어 놓자.

자금 융통을 줄여서 '금융(金融)'이라고 한다. 화폐가 융통되어 흘러가는 것을 의미한다. 금융자산은 최소한 두 사람의 관계가 있어야 존재할 수 있다. 금융 거래는 사람과 사람 사이에서 일어나는 일이고, 이른바 채권자와 채무자가 금융자산을 창조한다. 지구상의 모든 금융상품은 채권과 채무의 조합으로 구성되어 있다.

자본주의가 지속되는 한, 브라질 정부는 만기나 경우에 따른 중도까지 당신에게 주기적으로 이자를 지급해야 한다. 당신이 채권자가 되어 경제 부국, 자원 강국 브라질을 당신과의 정치적인 관계에서 불리한 위치의 채무자로 만들어 보도록 하자.

돈은 아름다운 꽃이지만, 매우 차갑게 다루어야 하기 때문이다. 브라질 국채라는 매개체가 이를 가능하게 해줄 것이다. 10년 정도 후에 3억으로 서울의 소형 아파트를, 10억으로 소형 강남 아파트를 살 수 있을지도 모른다. 가장 중요한 것은 헤알화의 환율에 달려 있다. 분명한 것은 헤알화/원의 환율이 저평가되어 있어 이제 오를 일이 남았다는 것이다.

현재 이후의 브라질 국채는 꾸준하고도 높은 이자수익을 제공해 줄 것이다. 헤알화의 가치가 저평가되어 있어 이자의 가치가 하락하기 힘들기 때문이다. 하지만 시장의 바닥권에서는 좋은 말을 찾아보기 힘든 것이 사실이다. 너무 겁먹을 필요도 없다. 별거 없다.

옛날부터 누군가를 괴롭히고 싶으면 돈을 빌려서 갚지 말라는 서양의 속담이 있다. 반면에, 누군가를 자본주의의 노예로 만들고 싶으면 고금리로 억지로라도 돈을 계속 빌려주라는 현대의 속설도 있다. 실제로 제도권에서 비제도권의 고리대금(高利貸金)으로 넘어갈수록 그렇지 아니한가? 영화 속의 장면에서도 익히 많이들 보아왔을 것이다. 조직 폭력배들도 고리대금으로 화류계의 여성들을 괴롭히지 않는가? 그래서 칼만 안 든 깡패인 각종 금융기관도 합법적인 틀 내에서 허구한 날 틈만 나면 고금리로 계속 돈을 빌려준다고 하는 것이다.

고금리 사채, 일수, 카드론, 현금서비스, 고금리 신용대출, 담보대출, 후순위대출 그리고 심지어 정부의 인심성 보증 대출 및 지원자금까지도 탈만 달리 썼지, 근본적으로는 큰 범주 내에서 같은 성격을 띠고 있다. 슬픈 표현이지만 많은 사람들을 현대판 노예화하기 위해서다. 채권은 재료비가 하나도 들지 않는 숫자놀이 사업의 도구이다.

필자의 책 『100억 부자를 만드는 미니멀라이프 최적화』에서도 은행권에서 말해 주지 않는 담보대출에 대하여 시중에서 사람들이 자세히 잘 모르는 핵심과 실상을 역설하였다. 사실 부동산을 아주  중요시하는 대한민국에서는 매우 중요한 내용이라 할 수 있다.

여태껏 여러 가지 근거를 통하여 역설하였지만, 브라질은 원금을 상환할 능력이 충분하고, 미래의 자본주의 체제로 가면 갈수록 금융자본주의의 룰(Rules)을 빼도 박도 못하게 이행할 수밖에 없다. 브라질은 화성으로 도망갈 수가 없다.

그래서 미래의 자본주의 사회에서는 회사가 아닌 국가에 돈을 빌려주고 채권을 받으면 못 받을 일이 없고, 그 나라가 바닥을 찍고 일

브라질 국채의 위험성이 해소되면 안전성으로!

어나기 시작하면 고금리로 왕창 빌려주고, 회사가 바닥을 찍고 일어나기 시작할 때는 회사에 돈을 빌려주지 말고, 돈을 아예 줘 버리고 애초에 주식으로 소유권을 가져오면 된다고 하는 것이다. 이른바 채무증권과 소유권의 한 끗 차이인 것이다. 그래서 현재 시점 이후의 브라질 국채는 리스크가 매우 떨어지기 때문에 자원 부국이자 남미의 경제 강국인 브라질을 적극적으로 채권자로 만들어 보기 바란다. 우리는 자본주의에 살고 있기 때문이다. 포르투갈이 브라질을 식민지로 만든 것처럼 말이다.

브라질 국채의 위험성이 해소되면
안전성으로!

- **신용 위험** : 무디스는 브라질을 Ba1 등급으로 상향 조정하였다. 현재 브라질의 외환 보유액이 세계 10위권이고, ESG 경영 정책으로 저리의 국채 발행에 대성공하였으며, CDS 값의 하락으로 부도 위험성에서 점점 멀어지고 있고, 헤알화/원의 환율이 바닥을 다지고 있고, 앞으로 신용등급은 더 좋아질 수 있다.

- **금리 위험** : 현재 기준금리가 15%까지 올랐고, 연말까지 금리 동결 기조가 유지되고, 물가상승률이 꺾였기 때문에 서서히 금리 인하를 할 흐름이며, 금리 인하를 하면 중장기 채권 가격은 상승하여 문제가 될 것이 없다. 채권 가격이 상승하면 리스크가 떨어지기 때문에 채권수익률은 떨어지게 된다.

- **환 위험** : 현재 1헤알이 255원 정도의 준(準) 바닥권이라 꾸준히 우상향할 일만 남아 있어서 과거의 신문 기사들이 무색해진다. 현재 위치에서 중장기 브라질 국채에 투자하였을 때, 환차손으로 문제될 일이 매우 미약하다고 볼 수 있다. 과거에도 현재에도 브라질 국채는 환율이 문제였다.

※ 투자유의종목은 당사 내부 기준에 의해 회사가 투자대상에서 제외한 고위험 채권, 자본시장법령여 따라 국제신용평가기관에서 부여한 신용등급 A등급 미만인 해외채권으로서 이러한 상품의 대해서는 고객에 대한 투자권유가 금지되어 있습니다. 당사는 고객님께 투자권유를 하지 않으며, 본인의 전적인 판단에 의한 투자 요청 시에만 투자가 가능함을 유의하시기 바랍니다.

구분		주요내용
채권 주요위험	신용위험	발행자(국가 또는 회사) 신용에 따라 상환되며, 투자결과 원금의 일부 또는 전액에 대해 손실을 볼 수 있습니다.
	금리위험	시장금리가 변동되는 경우 가격변동 위험이 있으며, 중도 해매시 금리 상승(채권가격 하락)으로 투자 손실이 발생할 수 있습니다.
	환위험	외화채권에 투자하면 환율변동에 따른 높은 위험이 추가됩니다. 따라서 채권에 표시된 통화와 미국달러, 원화와 미국달러 상호간의 환율변동에 의해 추가적인 수익이나 손실이 발생할 수 있습니다. 또한, 당사는 투자자의 환위험 해지 요구에 응할 의무가 없으므로 투자자가 환위험을 해지 하고자 하는 경우에는 투자자 본인이 직접 환해지를 하여야 하며, 상황에 따라서는 환해지가 불가능 할 수 있습니다.
	유동성위험	거래량이 풍부하지 못한 종목에 투자하는 경우 투자 종목의 유동성 부족에 따라 자산가치가 하락하거나 환금성에 제약이 발생할 수 있으며, 경우에 따라서 중도환매가 불가능할 수 있습니다.
	정책위험	발행국가의 정부가 외국인 투자자에 대한 상환 조건의 변경, 비과세 혜택 제외 등 세제 정책의 변경 그 밖의 정부정책의 변경에 따라 채권의 가치가 변동될 위험이 있습니다.
	결제/원리금 지급지연위험	해외 현지상황(공휴일, 시차 등) 및 경유은행, 해외사정 등에 따라 자금의 송금 및 수령, 매매체결 등이 지연될 수 있습니다.
	정보 취득 제한	해외채권은 국내 공시가 없어 투자정보의 접근과 취득이 제한적이며, 매매방식, 이자지급과 원천징수 방법 및 세율, 재무관련정보의 해석 등이 원화채권 투자은 경우와 다를 수 있습니다.

채권의 주요 위험 〈BNTNF 10 01/01/35 NTNF 상품 설명서〉

- **유동성 위험** : 점점 유동성이 풍부해지고 있으며, 현재 외화채권의 비중 중 브라질 국채의 비중이 점점 늘어나고 있는 국면이며, 투자가 활성화되면서 브라질 국채 잔고도 감소 추세를 이탈하여 증가하기 시작했다. 만기보유 전략은 중도 환매가 아니기 때문에 사실상 중도의 유동성 리스크가 없고, 준(準) 바닥권 이후의 상승세에서는 크고 작은 유동성 문제가 보완된다. 금액이 클수록 유동성 위험은 더 줄어든다.

- **정책 위험** : 헤알화의 가치가 상승할 수 있는 ESG 경영과 각종 정책들이 활성화되고 있고, 룰라 대통령이 4선에 성공하거나, 룰라 정권이 이후의 자국에 유리한 정책들로 구성된 우파 정권

으로 교체 시에도 헤알화/원의 환율은 증가할 수 있는 흐름으로 가고 있다.

- **결제/원리금 지연 지급 위험** : 유동성이 부족할 때 지연될 수 있지만, 유동성이 많이 좋아졌고, 이제 다시 유동성이 좋아지는 구간에 들어가는 시기이다. 중개 매매가 지연되더라도 급하지 않기 때문에, 결국 헤알화 강세일 때 여유롭게 증권사를 통하여 중개 매매를 하기 때문에 문제가 없다. 결제 지연은 큰 문제가 안 된다.

- **정보 취득 제한** : 영업점과 권유 FC를 등록한다. 브라질 국채 매매를 전문적으로 중개하는 대형 증권사에서 현지와 장외(Over-The-Counter) 유통시장이나 해외 딜러(금융기관)시장의 상황을 매일 파악하기 때문에 기인지우(杞人之憂)라 하겠다.

브라질 국채 투자의 모든 위험이 거의 해소되어 가고 있고, 리스크가 낮아진 시점에서 필자는 헤알화의 가치가 상승할 수 있는 초입에 정보를 소개하고 전달하기 위하여 이 책을 썼다.

1분 만에 브라질 국채
가상 투자해 보기

　주식 장이 끝난 후 미래에셋증권 HTS를 통하여 가상 시뮬레이션을 해보면, 장중에 거래하는 것과 거의 비슷한 컨디션으로 가상 매매 시뮬레이션 체험을 할 수 있도록 훌륭하게 만들어 놓았다는 것을 알 수 있다. 한 종목의 일간 정밀 분석이 필요한 경우에 마우 큰 도움이 된다.

　한편, 한국투자증권의 MTS에서는 주로 브라질 국채와 같은 해외 장외 채권의 가상 투자 시뮬레이션은 아주 간결하고 정확하게 세팅이 되어 있다. 채권의 이자수익(Coupon)과 만기 지급액을 합산하여 회수할 총 원리금을 계산을 하는 데에 있어 아즈 간편하고 유용하다.

　예를 들어 헤알화 표시 브라질 국채의 경우, 매수 시 최초 공제되는 중개수수료와 환전수수료, 그리고 환율 및 중개 매매에서 발생하는 유동성 문제를 제외하고는 실제와 거의 흡사하다고도 할 수 있다. 한편, 중도 매도 시에는 매수세가 유입되어 헤알화가 강세인 파도일 때에만 급하지 않게 매도하거나 헤알화 우상향의 흐름에서 안정적으로 만기 보유를 하기 때문에 불리하게 억지로 매도하지 않아도 된다.

필자가 앞서 헤알화/원의 환율은 준(準) 바닥권이라 중장기적으로도 크게 문제가 되지는 않는다고 반복하여 역설하였다. 바닥 장세 다음에는 항상 언제 그랬느냐는 듯이 상승 장세가 뒤따른다. 즉, 가상 투자를 통하여 세운 계획의 오차가 적고 현실적으로 예측 가능하다고 볼 수 있다. 실제와 거의 흡사한 가상 투자의 결과를 1분이면 바로 확인이 가능하다.

가상 투자로 수량 입력하기 〈한국투자증권 MTS〉

하지만 한 가지 분명히 하고 넘어가야 할 것이 있다. 가상 투자는 채권이든 주식이든 간에 아무리 많은 투자를 해봤자 아무런 도움이 되지 못한다는 사실이다. 반드시 실제 돈으로 투자를 해봐야 한다. 특히 때를 놓치면 안 된다.

장기간의 고금리 기조로 인하여 채권 가격이 할인된 효과가 일어나 100헤알을 기준으로 현재 86.261323헤알이므로, 투자원금 10억 원을 투자하게 되면 '100 : 86.261323= X : 10억'이므로, 10억을 매수하게 되면 액면 수량은 11억 5,928만 원 정도가 된다. 만기까지 보유 시에 86.26헤알의 매수단가는 100헤알이 되므로, 이자를 제하고서도 11억 5,928만 원의 원금은 만기에 지급이 되는 셈이다. 매수와 동시에 만기까지 보유 시 1.6억 원 정도의 수익이 잠정적으로 확정된 것과 같다.

20회의 이자 지급 스케줄과 만기 지급액 〈한국투자증권 MTS〉

금일 헤알화/원의 환율은 1헤알이 259.86원이고, 현 시점에서 10억을 브라질 국채에 가상으로 투자한다고 하였을 때, 할인된 발행 효과가 일어난 액면 수량인 11억 5,928만 원을 헤알화로 환전하여, 약 4,461,000헤알을 매수하였을 때의 수익률과 원리금 지급 가상 시뮬레이션을 확인해 보자. 현재는 10억을 투자할 경우, 액면가는 11억 5,928만원이 된다. 액면가는 매수 시점에 따라 변동될 수 있지만, 큰 문제가 되지는 않는다.

채권은 이자 지급과 원금 상환 스케줄이 명확하여 비교적 계획적인 투자를 할 수 있다. 관건은 헤알화의 환율이다. 채권 만기일에 11억 5,923만 원이 투자자에게 상환되어 지급될 예정이고, 매수한 액면 수량인 11억 5,923만 원의 4.88%인 약 5,657만 원이 6개월마다 1월 1일과 7월 1일에 총 20회 지급된다. 마지막 회차에는 기간이 미달되므로, 이자가 기간만큼 할인이 되어 더 적은 금액(할인이자)으로 지급된다.

가상 투자 예상 결과에 의하면 잔존 기간인 9년 3개월 동안 총 지급된 이자는 전액 비과세이므로, 10억 7,500만 원 정도가 지급되었다. 따라서 1헤알이 259.86으로 환율 불변일 경우, 만기까지 받은 모든 이자와 투자원금의 합계 금액이 총 22억 3,400만 원이 된다. 이걸 두고 어느 정도 예측 가능하다고 한다.

꼭 소형 서울 아파트나 강남 아파트가 아니더라도 헤알화의 가치가 떨어지지만 않으면, 아무리 못해도 투자원금 만큼이 이자로 생기는 것이다. 하지만 현재 이후에는 헤알화의 가치가 떨어지기도 어려운 상황으로 흘러가고 있다는 것을 알아야 한다고 계속해서 반복하였다.

여기서 중요한 부분이 가상 투자에서는 헤알화/원의 환율 변동 없이 10년 전 그대로 1헤알에 259.86원으로 계산되어 있다는 것이다.

설사 적정선의 환차손이 발생하더라도 장기 투자 시 고금리 이자 수익으로 이를 상쇄할 수 있는 구조이다. 하지만 환율에 관하여는 여러 차례 반복하여 설명하였지만 크게 하락하기도 힘든 준(準) 바닥권이라 하였다.

그리고 중개수수료와 환전수수료는 포함되어 있지 않았기 때문에 이 부분을 제외하면 실제로 금액은 조금 더 덜어지게 된다. 하지만 만약 헤알화의 가치가 올랐을 때는 초과 수익을 달성하게 된다.

예를 들어, 과거에는 1헤알에 약 600원 하던 것이 만기가 되어 300원이 되었을 때 그토록 문제가 되었던 것이다. 지금은 그런 상황이 되기도 힘들다. 좀 더 극단적인 예를 들어, 만약 만기의 환율이 259.86이 아니라, 그럴 리 만무(萬無)하겠지만 130.00이 된다면 헤알화에서 원화로 환전하면 11억 5,923만 원이 아니라, 약 5억 8,000만 원이 된다.

하지만, 현재의 250원 전후의 헤알화/원의 환율은 준(準) 바닥권이라 하였고, 10년 후 헤알화의 가치는 점점 높아질 가능성이 크다고 하였다. 반대로 만약 10년 후 만기의 환율이 259.86이 아니라, 극단적으로 520원이 된다면 헤알화에서 원화로 환전하면 11억 5,923만 원이 아니라, 이자를 제외하고 만기에 받는 금액만 약 23억 2천만 원이 된다. 이것을 두고서 수익 금액을 보장한다고 멍청하게 오해하지 않기를 바란다.

전체적으로 설명하였듯이 10년 후 헤알화/원의 환율이 130원이 될 확률보다는 350~400원대를 향하여 우상향할 확률이 수백 배는 더 크다고 볼 수 있다. 객관적인 여러 근거가 뒷받침되기 때문이다. 필자는 과거 브라질의 전성기 때처럼 터무니없는 700원을 말하는 것이 아니다. 700원은 당장 불가능한 일이다.

현재는 1헤알에 255원 정도의 준(準) 바닥권이고, 외화채권 중 브라질 채권의 비중이 약 2%도 되지 않는 최저치이다. 정확하게는 1.7%이다. 1.7% 중 1.3%는 기존에 물려 있는 투자자들의 자금이고, 0.5%는 군중의 반대편에 선 소수에 해당하는 선견지명(先見之明)을 가진 사람들의 자금이다. 이들이 바로 미래의 주인공이다. 눈을 번쩍 떠야 한다.

이 책의 독자 분들은 개국 이래 최초로 브라질 국채 투자의 무패 신화 주인공이 되길 바란다. 이자소득과 자본수익은 물론이고 중장기적으로 우호적인 환차익까지 트리플 비과세 효과가 제대로 나기에 매우 좋은 환경이 조성되고 있다.

감소 추세인 브라질 국채의 잔고가 약 8년 만에 하락 추세를 이탈하여 처음으로 증가하였다. 이 부분은 많은 것들을 시사하고 있다. 앞으로 매수세는 늘어나면서 헤알화의 가치는 점점 상승할 것이다.

행운의 여신은 기다리고 또 기다리고 인내해야 만날 수 있다고 하지 않던가? 2010년대가 아니라 그게 바로 15년이 지난 지금이다. 현재 이 책을 읽고 있다면 실로 큰 행운이라 생각한다. 세상만사는 항상 그 때(Timing)가 잘 맞아야 하기 때문이다.

만약 10억으로 투자한다고 가정하였을 경우, 현재 시점에서는 마치 복리채의 원리와 같이 6개월마다 발생되는 이자를 계속해서 재투자하였을 때도 약 4~5억 원 정도의 표면 이자수익이 추가적으로 발생한다. 이른바 재투자로 인한 복리 효과도 생기는 것이다. 만약 현재 250원대의 환율이 300원 정도가 된다면, '22억+5억=약 27억'의 원리금은 33억 원 정도가 된다. 10억을 투자하면 약 10년 뒤에 세후로 33억 원 정도를 만들 수도 있는 것이다. 관건은 Money 뭐니 해도 헤알화다.

상품 설명서 하나가 아니라, 여러 과정에 따라 상황별로 가정하여 투자하더라도 제대로 이해하고 투자하라고 초초로 쓴 이 책 한 권을 통하여 어렵게 설명하고 있다. 그런데 이를 두고 원리금을 보장하는 행위라고 무식하고 멍청한 표현을 하지 않도록 하자.

브라질 국채
실전 중개 매수 프로세스

헤알화 표시 브라질 국채 'BNTNF 10 01/01/35 NTNF'를 실전으로 ① 중개 매수하려면, ② 단기간의 급한 자금이거나 원금 보존을 추구하는 자금이면 안 된다. 이 부분은 브라질 국채만의 문제가 아니다. 매우 많은 상당수의 투자 실패는 알면서도 자금 융통의 시간이 용납하지 않아 비자발적으로 매도를 하게 되어 손해를 입는 경우가 매우 많다.

브라질 국채 실전 중개 매수 프로세스 〈한국투자증권 MTS〉

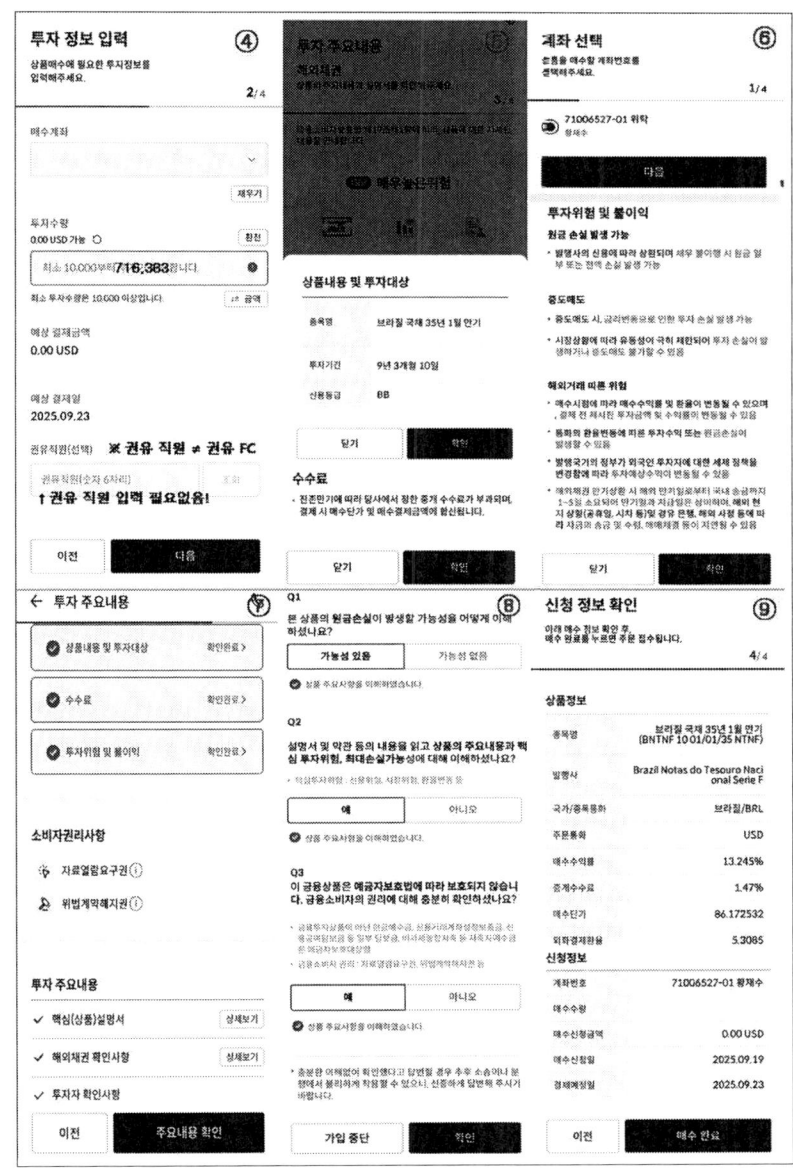

브라질 국채 실전 중개 매수 프로세스 〈한국투자증권 MTS〉

③ 투자 성향은 공격 투자형으로 되어 있어야 하고, 상품 위험도는 매우 높은 위험에 해당되어야 한다.

④ USD로 환전 후 투자금액 만큼의 수량을 입력한다. 권유 직원(선택)에는 입력하지 않아도 된다. 물론, 앞의 계좌 개설 단계에서는 가까운 영업점과 권유 FC는 반드시 입력해야 한다. 이미 개설한 경우에는 새로 개설하여 입력하면 된다. ⑤ 수수료는 잔존 기간이 많이 남아 있을수록 제한된 범위에서 올라가지만 지점 방문이 아닌 온라인에서 MTS로 중개매수 신청을 하기 때문에 할인이 적용되어 가장 저렴하다. ⑥ 브라질 국채를 매수할 계좌를 선택하고, 투자 위험 및 불이익의 내용을 확인한다.

⑦ 투자 설명서를 확인하고, ⑧ 내용을 잘 읽어 보고 Q1, Q2, Q3를 답변한다. ⑨ 신청 정보를 최종적으로 확인하고 자발적으로 매수 완료 버튼을 클릭하면 간단하게 브라질 국채를 중개 매수할 수 있다.

재투자 기준은
마(魔)의 330원!

일반적으로 채권 투자와 관련하여 수많은 방법들이 있다. 현재 헐값의 채권 가격으로 매수하였을 때, 채권 가격이 상승하면 전액 비과세로 자본차익을 남길 수도 있을 것이다.

현재 헤알화/원의 환율이 준(準) 바닥권에서 고점까지 가지 않더라도 적지 않은 자본차익이 발생한다면, 헤알화가 강세일 때 한 번 정리해 주는 것도 아주 좋은 실행이라 할 수 있을 것이다. 이표채의 경우 타임머신을 타고 몇 번의 이자를 먼저 받는 셈이 된다.

하지만 매도를 하게 되면 재투자 위험이 생기고, 재매수를 할 때 비싸게 매수된 액면가를 기준으로 하여 훨씬 더 적은 이자를 받게 된다. 매수 당시에 정해진 높은 이자를 더 이상 받을 수 없게 되는 것이다.

여러 구간에서는 다시 조정받는 눌림목의 구간이 반드시 존재한다. 열광적인 상승이 지체된다면, 이번에는 채권의 가격과 관계없이 분할 매수와 계속된 재투자를 통한 만기 보유 전략을 통하여 이자수익만을 노려볼 수도 있다. 이유는 아직 헤알화가 고평가되지 않았기 때문이다.

일반적으로 주식은 정확한 타이밍에 매수하는 것보다 정확한 타이밍에 매도하는 것이 더 어렵다. 순식간에 흐름의 파도가 바뀌기 때문이다. 하지만, 브라질 국채는 매도 타이밍을 놓치더라도 현재 헤알화의 가치는 중장기적으로 우상향하고 있기 때문에, 만기 보유를 하면 매도 리스크에서 벗어날 수 있다.

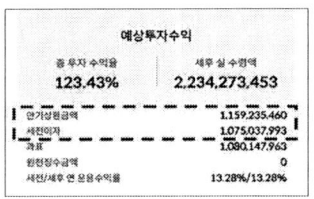

만기 보유 전략은 채권을 만기까지 보유만 하더라도 금리가 오르든 내리든 관계없이 액면가에 해당하는 원금은 무조건 보장이 되어 만기에 고스란히 돌려받을 수 있다. 브라질 국채의 경우 약 10년 동안 받은 이자(Coupon)만 하더라도 대략 투자원금에 육박한다.

주식은 오래 보유할수록 손실 가능성이 줄어든다. 반면에 브라질 국채는 오래 보유할수록 가능한 한 먼저 원금을 확보하도록 해준다. 결국 투자에서 가장 큰 변수는 금리와 환율이다. 금리는 변동이 있더라도 만기까지 보유하면 원금이 보전되므로, 핵심 관건은 바로 헤알화/원의 환율 흐름이다. 향후 금리 기조가 인하기에 들어설 것으로 전망되기 때문에, 브라질 국채는 매력적인 투자처가 될 수 있다.

참고로 국민연금은 조기 연금으로 빨리 받을수록 평균수명 대비 연금 수령 손익분기점에 더 빨리 도달하기 때문에 근로소득과 사업소득의 합산금액이 279만 원을 넘지 않는다면 1/2로 삭감되거나 전액 지급 정지가 되지 않기 때문에 조기 연금으로 받는 것이 현실적으로 유리하다. 도저히 쓸 곳이 없다면 받아서 가족들에게 베푸는 것도 좋은 방법이다.

브라질 국채의 비과세 이자소득이나 국내 우량 배당주의 배당소득, 그리고 연금 및 퇴직소득 등은 일부 및 전부의 지급 정지 항목에 해당하지 않는다. 근로 및 사업의 소득이 있는 활동이 아니기 때문이다. 그래서 비과세나 과세의 탈중앙화가 중요하다. 종신형 개인연금은 보증형이 아닌 미보증형으로 수령해야 연금 수령 손익분기점에 더 빨리 도달한다.

자, 그럼 헤알화의 가치가 우상향하는 가운데 1헤알에 10~15년 정도 후의 중장기적인 목표 가격을 400원 정도로 정하였다고 가정하자. 330원까지는 계속해서 재투자하고, 1헤알이 330원 이상이 되면 더 이상 재투자하지 않고, 330원 이하로 떨어졌을 때만 재투자를 하는 것으로 원칙을 정해 보자. 브라질 국채 투자에 있어서 원칙이 없으면 재투자도 안 하느니만 못하다.

No principle, No reinvestment!

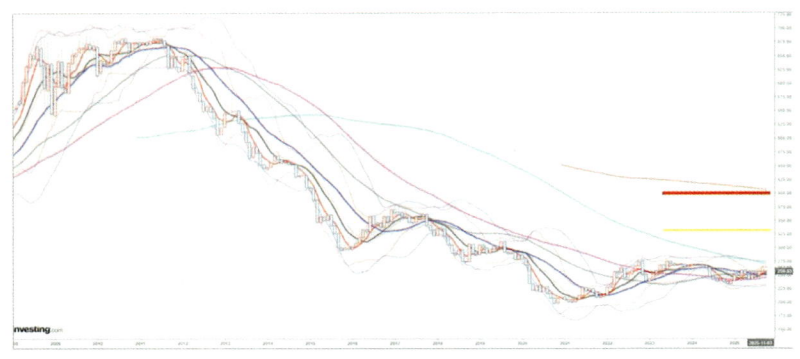

장기채 투자 시 재투자 기준은 약 330원 미만 〈Direct CEO Asset〉

개인의 상황이나 브라질 국채의 만기에 따라 기준 금액은 제각기 다르게 정할 수 있지만, 현재의 시점을 기준으로 330원 정도를 기준으로 정하였기 때문에 재투자를 해야 할 때 환전하지 않고 보유하고 있다가 이 원칙만 따르면 된다. 300~400원 구간에서 330원 정도도 상승 초입 구간이기 때문에 장기채의 경우 큰 문제가 되지 않는다. 더 보수적인 기준을 원한다면 300원으로 잡아도 된다.

하지만 현재는 250원 정도 전후이므로, 매우 저평가되어 있어 안정적이지 않은가? 약 300원대 이하만 투자 및 재투자해도 썩 나쁘지는 않다고 볼 수 있다. 재투자 시 종국에 가서는 복리 효과를 볼 수도 있다.

항상 헤알화/원의 환율은 변동이 있기 때문에, 재투자 시에는 너무 막 따라 들어가는 것보다 헤알화가 약세일 때를 노리는 것이 지혜롭고 현명하다.

수익률 보장이 아니다. 현재 이후의 대세는 중장기적으로 우상향임을 부인할 수 없는 일이다. 이자수익을 받으며 눌림목에 재투자하고, 트래픽이 폭발할 때까지 주욱 타고 가보는 것도 나쁘지 않을 것이다. 전 세계의 우량 자본들이 근본적으로 안전한 국가 중에 실질금리 세계 1위인 브라질로 빨려 들어가고 있기 때문이다. 재투자하는 경우 복리 효과도 볼 수 있다. 재투자는 우상향한다는 전제일 때 가능하다.

『삼국지』에서도 꿈이 꿈인 줄 알려면 그 꿈에서 깨어나야 하고, 흐름이 흐름인 줄 알려면 그 흐름에서 벗어나야 한다고 한다. 필자는 앞서도 언급하였듯이 헤알화/원의 환율 흐름 밖에서 오랜 시간 동안 지켜보고 머물다가 이제야 그 흐름을 타야 한다고 말하였다. 참으로 길고도 지루한 시간이었다. 과거의 두려움으로 인하여 현재의 기회를 흘려보내는 과오를 범하지 않도록 하자. 이번 파도는 바로 진짜 파도이다.

브라질 국채의 헤알화/원의 환율은 15년간의 빙하기가 끝나서 봄이 왔고, 앞으로의 여름, 가을, 그리고 다시 언젠가는 또 겨울이 펼쳐질 것이다. 이제 고금리의 이자(Coupon)를 받으면서 돈이 헤알화로 가만히 모여들 때까지 기다리기만 하면 된다.

시간이 만든 이자,
환율이 만든 기회

　브라질 국채를 매수하기로 마음먹었다면 집중하여 매수해 보도록 하자. 비록 300만 원 정도의 소액이라도 브라질 국채를 매수해 보는 게 서울대 경제학과에서 4년을 이론 공부하는 것보다 낫다. 이론과 실제는 전혀 다르고, 말보다 행동이 중요하다.

$$100 : 85 = X : 10,000, X = (10,000 \times 100)/85$$

　현재 1헤알이 260원 정도 하므로, 브라질 국채 10년 만기 표면금리 연 10% 6개월 이표채의 액면가가 100헤알인데, 현재 할인되어 약 85헤알이므로, 100헤알은 26,000원이고, 85헤알은 21,500원인데, 최소 매수 수량이 10,000헤알이므로, 10,000헤알인 2,600,000원어치를 매수하면, 현재 매수단가가 100이 아니라 85이므로, 할인된 효과로 약 3,058,823원어치의 액면가가 매수되는 셈이 된다. 액면가인 3,058,823원을 기준으로 하여 10년 동안 6개월마다 연 4.88%의 이자 149,270원이 20회 지급되고, 만기에는 헤알화/원의 환율이 1헤알에 260원일 때 액면가인 3,058,823원이 투자자에게 상환되어 지급됨으로써 브라질 국채의 원금 지급 의무는 사라지게 된다.

하지만 브라질 국채에 관한 헤알화 저평가의 기회는 매일 같이 찾아오는 것이 아니다. 한국에서 브라질 국채가 출시된 이후로 약 20년 만에 제대로 찾아온 기회이다. 길고도 긴 세월이다.

1헤알이 300원일 때 환전 시 필요 금액이 더 커지게 된다. 고작 1헤알에 250~300원대의 준(準) 바닥권 가격을 지불하여 그 이상에 해당하는 헤알화의 가치를 얻어갈 수 있다는 것은 역사적으로 보았을 때 연 10%의 황금알을 낳는 브라질 국채를 투자하는데 큰 행운이 아닐 수 없다.

쿠폰(Coupon) 건물주 되기

한 예로 1,000세대 규모의 아파트 단지를 기준으로 할 때, 상승장이나 하락장에서 1/10조차도 거래가 되지 않는다. 즉, 매매하는 10% 이내의 사람들조차도 시세차익을 남기기 어렵다는 말이다. 10%만 하더라도 꽤 많은 수치다.

은행의 대출 시스템에서는 모든 사람들이 시세차익을 거둘 수 없다는 것을 매우 잘 알고 있다. 대부분은 결국 대출을 끼고 가야 할 뿐만 아니라, 대출이 없다 하더라도 타이밍이 딱딱 맞는 매매가 되어야 겨우 실속이 있다는 뜻이다.

경제적 자유를 누리는 부자의 상징이라 할 수 있는 요소 중의 하나가 바로 '건물주'라고 하여도 과언이 아닐 것이다. 건물주의 시장에서 우리가 익히 알고 있는 연예인이나 유명인들이 얼마 벌었다 하는 내용들은 대출이나 비용을 제대로 따지고 들면 생각보다 실속이 없는 경우가 많다. 특히 건물은 모든 행위가 거의 다 비용으로 고스란히 직결된다. 규모가 큰 건물일수록 비용으로 계속 쑥쑥 빠져나간다. 결국 실속이 있는 승자는 대출이 적은 우량 물건이어서 시간상으로 유리한 경우로 국한된다. 건물 거래도 그저 단순하게 일어나는 것이 아니다.

건물은 마치 살아 있는 생물체와 흡사하여서, 시세차익이 발생하는 입지가 좋은 건물도 이전 매도자가 만들어 놓은 활발한 고가의 상가 건물을 재매수자가 매수하는 경우에도 재매도를 하기 위한 유리한 상황으로 만드는 데에는 꽤 오랜 시간이 걸리고, 재매수자가 꼭 유리한 상황은 아니라는 것이다.

위에서 예로 든 아파트의 거래량보다도 훨씬 적은 극소수의 영역이다. 현실은 재매수자가 애를 먹는 경우가 부지기수히 많다. 건물매매 생태계에서도 어김없이 밀림의 법칙이 성립된다. 건물도 이른바 부동산 관리의 종합판이라고도 할 수 있기 때문에 많은 경험과 기술, 그리고 노하우와 자본이 필요하다. 하지만 건물이 무조건 나쁘다는 말은 아니다.

몇 억~몇 십억의 자본으로 대출이나 세입자를 끼고 건물을 매입하는 것보다 헤알화/원의 환율이 준(準) 바닥권인 시기에 브라질 국채로 쿠폰(Coupon) 건물주 되기 프로젝트를 한 번 적극적으로 고려해 보는 것은 어떨까?

분명 시중에서는 환율의 맹목적인 위험성을 강조할 것이다. 양치기 소년의 행보와 같이 과거, 그리고 또 과거를 평가의 잣대로 삼을 수밖에 없기 때문이다. 사회에서의 사람에 대한 평가도 같다. 하지만 워런 버핏이 말했듯, 인간은 과거의 역사를 통하여 배우지 못한다. 우리는 분명 과거의 경험치를 두려워 할 것이다. 하지만 앞서 반복해서 설명하였듯이 환율도 때가 있는 법이다.

현재 10억 원으로 브라질 국채에 투자할 때, 가격이 저평가되어 액면가가 12억이면 6개월마다 약 5,800만 원씩 쿠폰(Coupon) 이자가 비과세로 지급된다. 월 세후로 약 1천만 원에 해당되는 금액이다. 1억 원이면 쿠폰 이자가 월 1백만 원, 30억이면 월 3천만 원, 50억이면 비과세 세후로 월 5천만 원 정도에 해당되는 금액이다.

저(低) 대출 비율의 차주(Borrorer)나 극소수의 초우량 물건 매수자 중에서 일부만 성공하는 건물 투자에 비하여 상당히 매력적이지 않은가? 브라질 국채 투자는 지출되는 비용이 거의 없기 때문이다. 그 중에서도 가장 큰 이점은 이와 같은 적지 않은 일종의 불로(不勞) 수익을 안겨주는데, 시간을 빼앗아 가지 않는다는 점이다. 초고수익은 아니기 때문에 천천히 시간을 누리고 안정적인 수익을 향유하면서 즐기면 된다.

브라질 국채에 투자할 경우 공실 우려도 없고, 각종 고가의 세금도 없고, 수리 및 수선이나 리모델링 비용도 들지 않고, 고가의 부동산 중개수수료도 나가지 않고, 대출비용도 나가지 않고, 사람과의 스트레스를 받지 않아도 되고, 매도 시까지 많은 유지비용이 나가지도 않고, 건물 보유 시 생기는 골칫거리도 없고, 오히려 여유로운 시간이

덤으로 주어진다.

　연금 최적화의 1억의 가치가 있는 커피숍 창업 스토리에서 순이익 계산 시에 본인의 인건비를 넣지 않는 사장님과 마찬가지로, 연예인 기사에 자주 등장하는 건물의 매수 시점부터 매도 시까지 들어가는 각종 비용을 공제해 보면 생각보다 실리적이지 못한 것이 사실이고 현실이다.

　어느 정도 규모가 있는 상가 건물을 소유 및 관리해 본 사람은 공감하겠지만, 이 건물을 소유함으로써 건물에 왔다 갔다 하는 시간이나 돈으로 환산할 수 없는 각종 비용 등이 들어간다. 이 부분을 간과해서는 안 된다. 건물이나 가게를 내어 놓는 주된 숨겨진 이유는 소수는 고점 매도의 기술도 있겠지만, 대부분은 건강 문제나 관리 문제로 인한 경우가 가장 흔하다. 대리인을 시켜도 다 돈이고, 차이야 있을 수 있겠지만, 건물 관리로 말할 거 같으면 같은 건물에 살고 있어도 간단한 일이 아니다. 완전히 매도 후 모든 비용을 공제한 수익이 진짜 순이익이다. 물론 공부하고 실전 경험을 쌓으면 잘 관리할 수도 있다.

　하지만, 브라질 국채는 이러한 쓸데없는 시간들이 들어가지 않는다. 건물 관리의 어려움과 문제를 아는 사람들은 현재 이후의 브라질 국채 수익률에 더욱 감사함을 느낄 수 있다. 실속이 무엇인지 알아야 한다. 진짜 부자들은 돈도 돈이지만, 시간을 더 소중히 여긴다. 브라질 국채는 가시적인 수익도 예상할 수 있으므로 눈에 보일 뿐만 아니라, 만기까지 유지 시에는 이자(Coupon) 수익도 계속 받으니 공실률도 0%가 되는 셈이다.

  10억을 투자하여 받은 쿠폰(Coupon) 이자를 비과세로 세후 월 1천만 원씩 10년간 받다가 만기에 액면가인 12억이 상환되어 지급된다. 만약 환율만 방어가 된다면 10억을 투자하여 10년간 이자와 만기의 원금을 합산하여, 약 24억 정도의 금액이 세후로 들어오는 것이다. 그런데 헤알화/원의 환율이 상승하면 환전 시 원화의 금액도 예상보다 더 올라가게 된다. 관건은 헤알화인데, 현재 준(準) 바닥권이라 떨어지기가 힘든 형국이라고 누차 반복해서 설명했다. 그래서 이번 시즌의 브라질 국채는 헤알화의 진짜 파도를 탈 수 있는 때를 제대로 만났다고 볼 수 있다.

  물론 중간에 건물 가격이 훌쩍 뛰면 적당한 가격에 팔아 매매차익을 남길 수 있는 것처럼, 브라질 국채의 가격이 많이 상승하면 중도에 매도하여 비과세의 자본차익을 얻을 수도 있을 것이다.

  무려 20년 만에 주어진 브라질 국채 투자의 최적 매수 타이밍이 왔다. 이는 투자자에게 찾아오는 엄청난 행운이라 할 수 있다. 브라질 국채를 통하여 쿠폰(Coupon) 이자를 받고, 이른바 쿠폰 건물주가 되어 보는 경험은 생각보다 큰 만족감을 가져다줄 것이다. 전 세계에서 가장 매력적인 국채로 꼽히는 브라질 국채가 보여주는 강력한 힘을 직접 느껴 보자. 이 책이 브라질 국채 투자 성공으로 가는 길을 밝히는 어둠 속의 등불이 되길 기원한다.